JN015983

かぞくをつなぐ

より子さんのレシピ帖

坂井より子・著

はじめに

私が家族のために作り続けてきたレシピを紹介します

いつも、ごはんが真ん中に――。50年前に結婚してから今まで、ほとんど毎日のように家族で食卓を囲んできました。わが家は、主人が公務員で毎日5時半に帰宅していたので、その当時では珍しく、夕食を家族全員で食べていたんです。でき合いのものなんてない時代でしたので、なんでも一から手作り。毎日、家族の喜ぶ顔を見たくて、手間ひまかけて料理を作っていましたね。なるべく体にいいものをと、野菜を多めにしたりして。なんの反応もないと、「おいしい？」って聞いたりしていました。一日のうち、食事のときだけは全員が食卓に集まり、たわいもない話をしながら一緒に時間を過ごす。ささやかなことだけれど、それは今考えると、子どもたちにとっても大事なことだったのではないかなと思います。

お料理は得意でないという人も多いかもしれません。私も結婚した当初は、お料理なんてなにもできませんでした。ですから、子どもが小さいときにお料理教室に通い、そこで献立の考え方からハウスキーピングに至るまでを一から教わり、あとは日々の積み重ねでなんとか家事をこなせるようになっていったんです。子どもたちが独立した後、今度は「お料理を教えて」とお友達にお願いされるようになり、15年ほど自宅でお料理教室を開いていた時期もあります。

この本は、私がこれまで作ってきたおよそ50年分のレシピの一部を紹介したものです。そのレシピは、手書きのものや、パソコンで作ってもらって印刷したものをファイリングして大切に保管しています（写真左）。今回、これらのレシピ帖を一冊の本にまとめたいというお話があり、お料理はレシピを元に専門の方に作っていただくことになりました。若い世代の方が見ると時代を感じるかもしれませんね。それでも、わが家の味を、そして昔の家庭料理を、少しでも多くの方に伝えられたらと思います。

お店のお料理はいつも同じ味にしなくてはならないけれど、家庭料理はいつも同じ味でなくていいのです。日によって味が変わるからこそ、飽きずにずっと食べ続けられますし、食べる人の好みに合わせて変わっていくものだと思うのです。ですから、本書のレシピもご家族の好みに合わせて、また作りやすいようにアレンジしてもらって、それぞれの家庭の味に作り上げていっていただけたらうれしく思います。

2023年夏　坂井より子

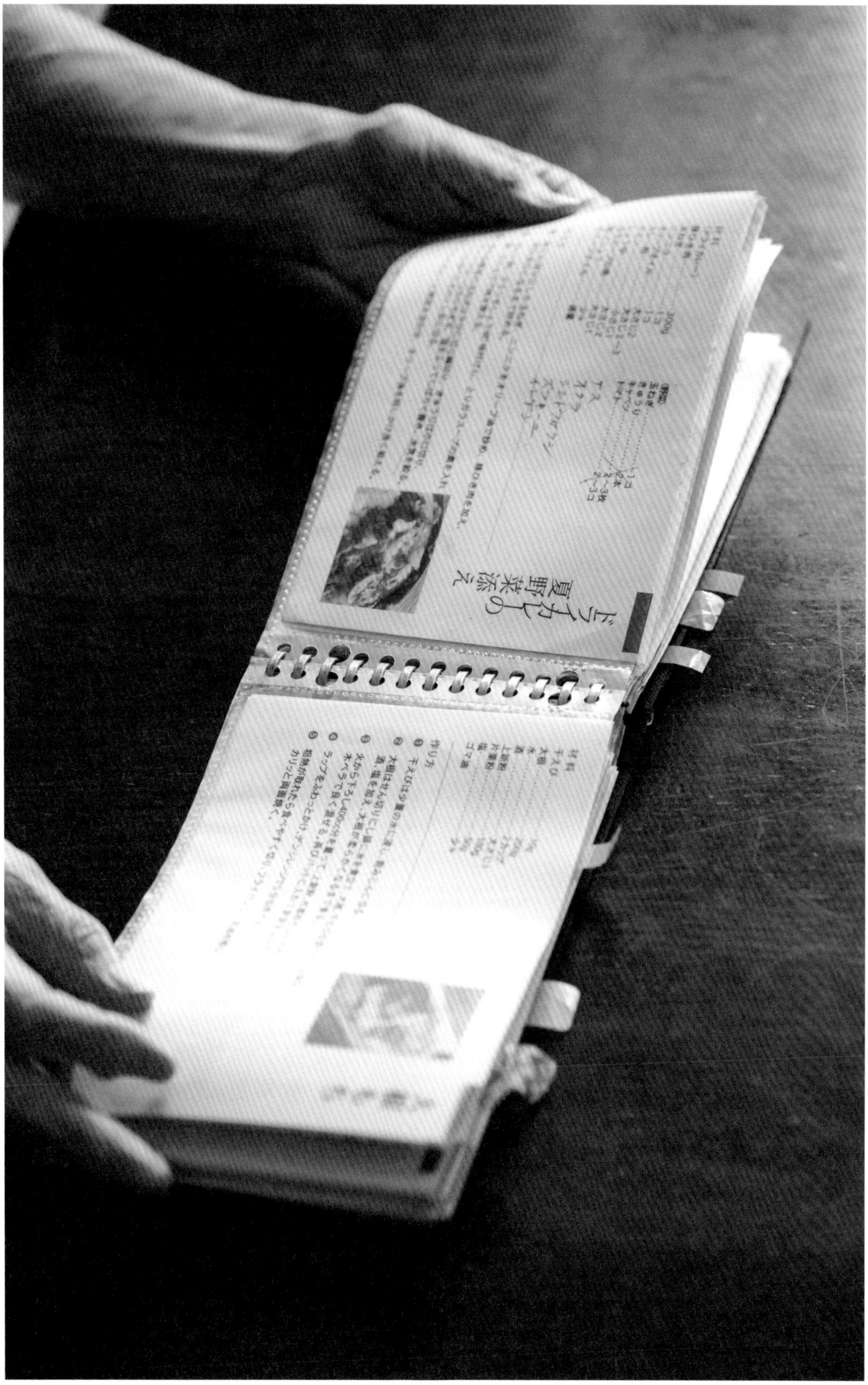
ドライカレーの夏野菜添え

目次

本書の決まり
＊大さじ1は15㎖、小さじ1は5㎖、1カップは200㎖、1合は180㎖です。
＊皮をむく、ヘタを取るなどの基本的な下ごしらえの記載は省略しています。
＊レシピに「油」と記載してある場合は、お好みの植物油を使ってください。
＊レシピに記載のない場合の火加減は中火です。
＊レシピに記載してある加熱時間は目安です。お使いの調理器具や環境によって変わりますので、様子を見て調整してください。
＊日持ちするおかずの保存期間は、季節や保存状態によって変わるので、様子を見て判断してください。

MAST

平日の夕食作りは7人分

わが家は現在、娘家族と息子家族の3世帯で1つの家に暮らしています。昨年までは9人暮らしでしたが、今は一時的に7人暮らし。平日の夜は1階のリビングに7人が集まり、毎日一緒に食事をしています。家族で食卓を囲んで、共通の時間を過ごすことが大事だと思っているので、できる限り、続けていきたいですね。

7人分の夕食を作るのは私の仕事です。水曜日は息子のお嫁さんが作ってくれるので助かっています。7人分の食事を作るなんてさぞや大変と思われるかもしれませんが、同居してからずっと続けてきたことですので、そんな風に思ったことはありません。

大変にならないコツは、料理を大皿に盛って出すことかしら。主菜と副菜を合わせて3品程度。うちは、お酒を飲む人がいるので、最初から白いごはんは出ないんです。まずはおかずを食べてから、最後にごはんと味噌汁。でもそのときにおかずは残っていないので、海苔や納豆で食べます。おかずである程度おなかがいっぱいになっているから、ごはんの量はちょこっとでいい。このスタイルだと、食べ始めてから30~40分はかかるので、ゆっくり食べられるのもよいのかもしれません。

食材を選ぶのも大切な仕事です。調味料はシンプルな材料で作られた基本調味料を、あとは新鮮なお野菜やお魚、お肉などを近所の個人商店や市場などで購入しています。顔なじみの店だと「今日はこっちのほうがおすすめだよ」なんて言ってもらえたりもして。作られた場所がわかる食材や、売り手の顔が見えるお店は安心ですね。

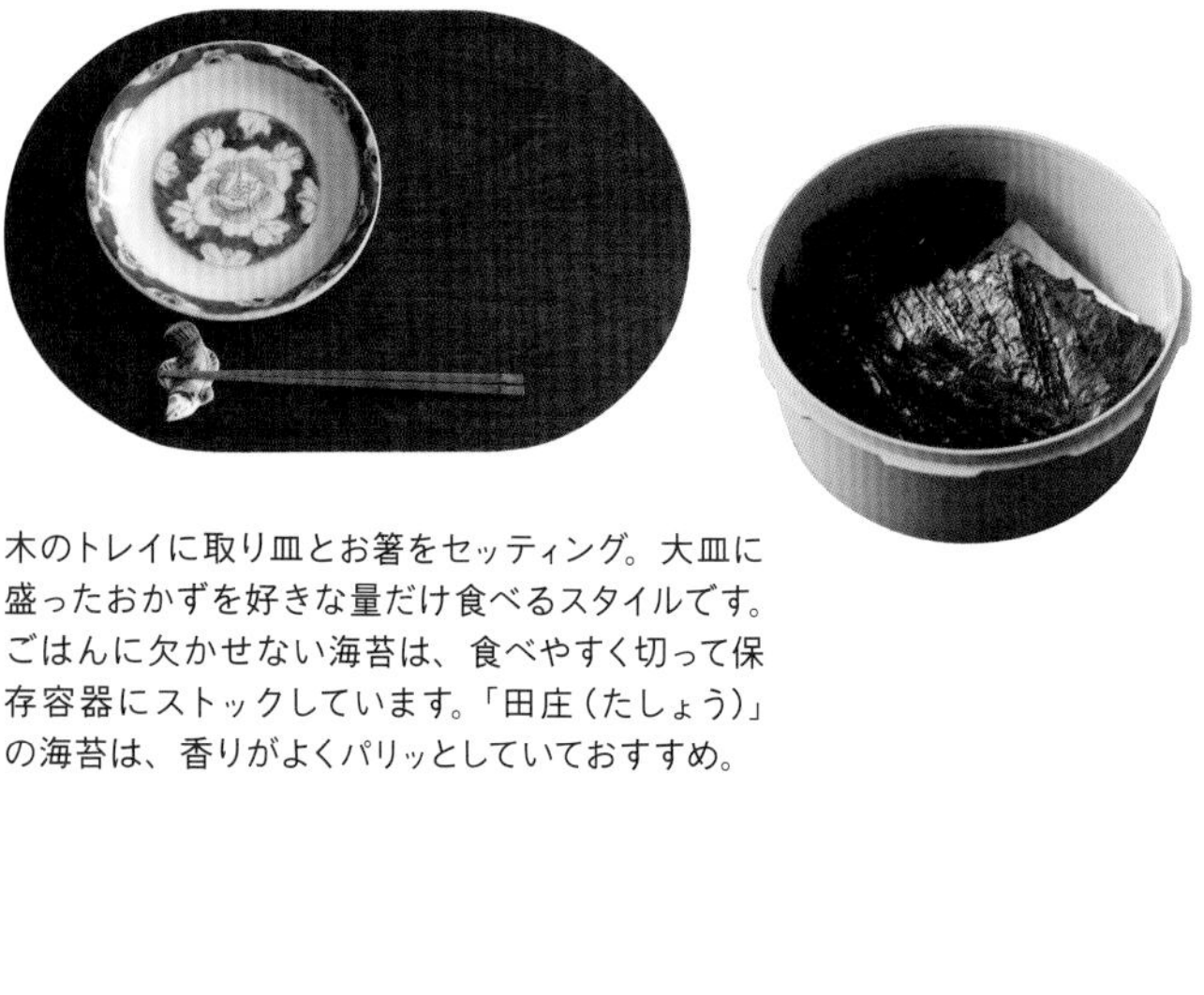

木のトレイに取り皿とお箸をセッティング。大皿に盛ったおかずを好きな量だけ食べるスタイルです。ごはんに欠かせない海苔は、食べやすく切って保存容器にストックしています。「田庄（たしょう）」の海苔は、香りがよくパリッとしていておすすめ。

この日のメニューはばらずし（p.70）、筑前煮、たたききゅうり、豆腐と三つ葉のお吸いもの。筑前煮は少量のだし（p.14）と砂糖で煮た根菜を、自家製のめんつゆ（p.15）で味付け。たたききゅうりは、すりこ木でたたいたきゅうりに醤油とごま油を絡めたもの。たたくことで、断面から味がよくしみます。

わが家の台所

7年くらい前に、3世帯で暮らすための家を建てました。1階のキッチンはいわば私の仕事場ですが、どんな台所にしたいか、あえてリクエストはしなかったんです。なんでもよいといいますか、あるものを使うというスタンスなので、特に不満を感じたことはありません。それよりも、そこから自分が使いやすいように変えていくことのほうが楽しいです。どこに何を収納するか、出しておくもの、しまっておくものは何にするか、といったことです。

収納に悩む方も多いようですが、私が心がけていることはひとつ。指定席を決めて、出したら戻す。キッチンに物がたくさん出ているのは居心地が悪いので、頻繁に使う調味料や調理道具以外はすべて指定席に収納。食器は洗ったらいったんは水切りカゴに置きますが、すぐに拭いて食器棚にしまうのも私の習慣です。ですから、カゴに食器や鍋が入りっぱなしになっていることはなくて、大家族の割には小さなカゴを使っているので、よく驚かれるんです。

独立型のキッチン。右側には収納スペースがあり、常温保存の食材やガラスのコップ類をしまっています。

床の拭き掃除はぞうきんで。汚れが気になったらその都度拭き、フキンソープで洗ってぞうきんかけに干しておきます。

基本調味料である酒、酢、みりん、油、醤油は頻繁に使うので、コンロの横にセット。小ビンに詰め替え、ポアラーを付ければ適量を注げて使いやすいです。

シンクの向かいにある収納ケースには、粉類や乾物、スパイス類が。空きビンや空き箱を有効活用し、同じ種類のものを同じ容器に入れてまとめればスッキリ見えます。

キッチン右奥の収納には、カップ類や木のトレイなどを収納。木のトレイは使う頻度が高いので、取り出しやすいようにブックエンドを置いて立てて収納しています。

シンク下の引き出しにはたくさんの鍋を収納。長年使っている愛用の鍋のほか、家族がプレゼントしてくれたストウブ鍋などもあり、いつの間にか増えてしまいました。

私の夕食作りのルール

だしがあると煮ものがすぐにできるので、時間があるときに取っておきます。

毎日献立を考えて、料理を作るのは大変ですよね。それは大家族でも少人数でも同じこと。私が実践している献立作りのルールをご紹介します。

品数は主菜1品と副菜が2品。夕食前に一度に作るのは大変なので、作っておけるものと、食べる直前に作るものを両方組み合わせるのがポイントです。作っておけるものの代表は煮もの。たとえば、大根があったら、それを大きめに切ってゆでて、お肉でもお魚でも、さつま揚げでもちくわでもいいので、何かしらたんぱく質食材と一緒に煮るとコクが出ておいしいです。味付けはかつお昆布だしに醤油、砂糖、みりん、お酒で十分。

煮ものが甘い味付けだったら、もう1品の副菜はさっぱりしたサラダのようなものにします。ポテトサラダだったり、ほうれん草としらすの和えものだったり、ナムルや浅漬けでもいいですね。

下ごしらえしておけるものを保存しておくのもおすすめです。たとえば油揚げをたくさん買ってきたら油抜きをしてお味噌汁に入れるサイズに切ってから、袋に入れて冷凍室へ。そうすると、冷凍のままおだしに入れるだけなので便利です。

1. 主菜に合わせて副菜を決める

最初に決めるのは主菜。主菜がお肉だったら、副菜の1品にお魚を脇役程度に入れ、もう1品は野菜だけにするなど栄養のバランスを取ります。たとえば、主菜がとんかつなら、副菜のサラダにしらす干しを入れるといった具合です。

2. 旬の野菜でメニューを決める

わが家のメニューは野菜が多め。お店に行っておいしそうな旬の野菜を見つけたら、そこからメニューを決めます。旬の野菜はエネルギーが詰まっていて、なにしろお安いので、いろいろな種類を積極的に食べるとよいですね。

3. 献立3品の味付けを変える

同じ醤油味でも、甘くて濃い味や塩気のきいた薄めの味があります。3品がすべて同じ味にならないように、甘辛いもの、酸っぱいもの、塩味のものといったように、それぞれ味付けを変えると飽きずに食べられます。

4. 午前中に下準備しておく

夕食どきに慌てるのが嫌なので、私はなるべく午前中にできることは済ませておきます。だしを取ったり、煮ものを作ったり、材料を切っておくだけでも、気持ちに余裕ができて安心できます。

5. 料理は大皿に盛る

7人家族なので1人分ずつお皿に盛ると片付けが大変。大皿に盛れば1つで済みますし、多めに食べたい人、少なくていい人の調整もできます。焼き魚などは、切り身のままではなく小さく切ってから出すと食べやすいです。

6. シンクに洗いものをためない

料理を作り終わったら、使った鍋や道具をすべて洗い、シンクの中を何もない状態にしてから食卓につきます。そうしないと、食後の片付けがおっくうになってしまうから。そして一日の最後にシンクの中を洗って拭き上げて完了。

愛用の台所道具

私が長年使っている愛用の道具の一部をご紹介します。

包丁とおろし金

左から、魚をさばく用の出刃包丁、万能に使える三徳包丁、刺身を切るための柳刃包丁。魚料理が多いのでこの3つはよく使います。右のおろし金もおすすめ。細かくておいしい大根おろしができます。

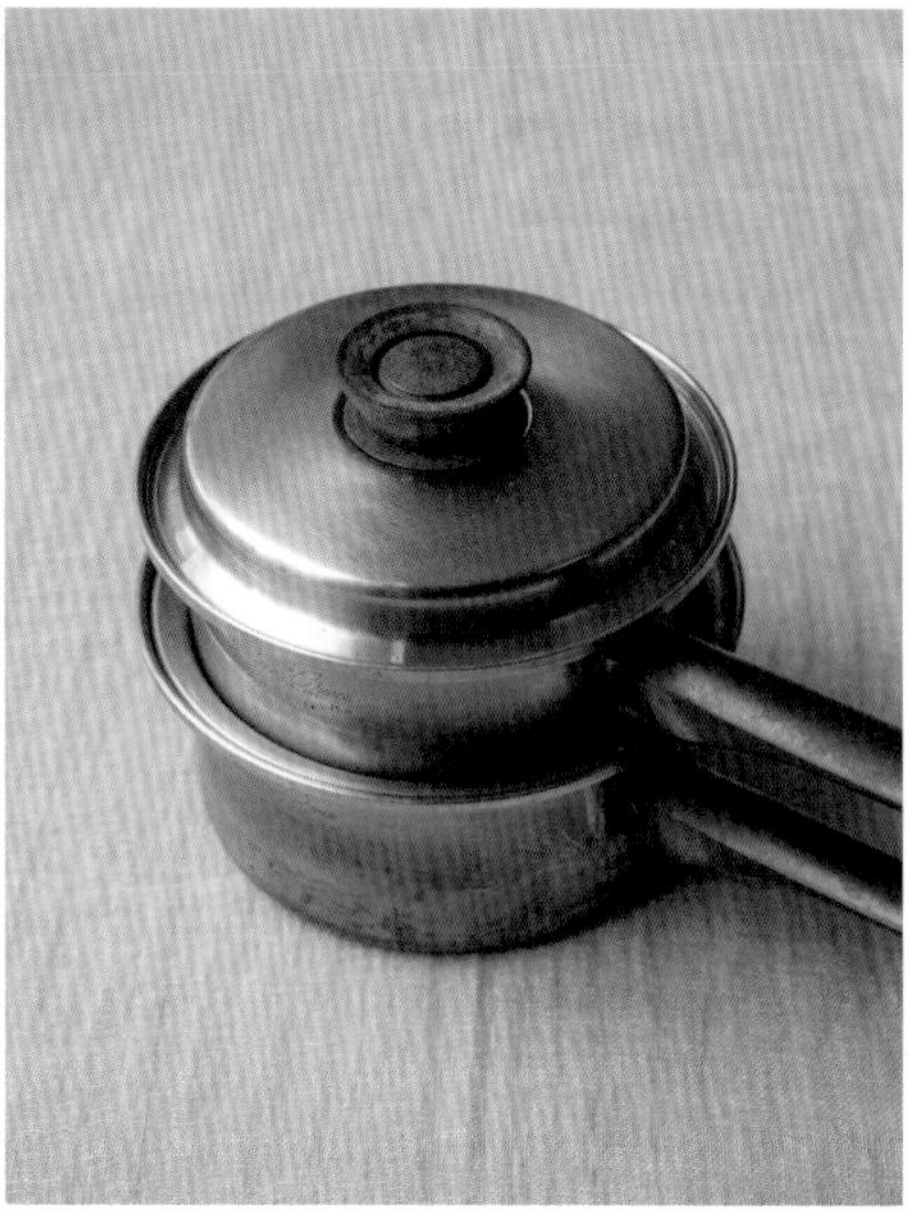

厚手のステンレス鍋

もう30年以上使っていますが、全然へこたれません。スタッキングできるサイズ違いの3つセットで、作る量によって使い分けています。厚手の鍋で煮ものを作ると、少量の水分でほっくり煮えておいしさが違います。

木製の落とし蓋

葉山にある工房で作ってもらった落とし蓋。木の落とし蓋はほどよい重さで、食材が崩れずにおいしく煮上がります。丸みがあってやわらかな持ち手も気に入っています。

ドレッシング作りの道具

サラダはよく登場する料理で、ドレッシングはいつも手作り。持ち手付きの小さな器に材料を入れて、ミニサイズの泡立て器でよくかき混ぜるだけ。器のまま食卓に出して、好きなだけかけて食べてもらいます。

愛用の器たち

若いころから少しずつ買い集めてきた器はどれも思い入れがあります。

副菜用の皿

副菜も一皿に盛り付けるため、大きめサイズです。デザイン違いのこの2枚はよく使っているもの。濃い茶色に野菜料理が映えます。 長径 21cm ×高さ 3.5cm

煮もの用の大皿

煮ものは大皿に盛り付けます。ほどよい重さと厚みがある土ものの器が好きで、片口に盛ることも多いです。
奥／長径 22cm ×高さ7cm 手前／長径 22cm ×高さ 6.5cm

湯飲みと茶托

茶托として使っているのは、鎌倉彫用のプレーンなお盆。長く使ううちに、こんなにいい色に変化しました。このセットでお茶をお出しします。 木の盆／直径 34cm 湯飲み／口径 10cm ×高さ8cm

木製トレイ

こちらも、落とし蓋（p.12）と同じ工房で購入しました。お直しもお願いでき、長く使えるのがいいところです。 下／縦 32cm ×横 32cm 上／直径 34cm

ごはん茶碗

それぞれの「マイ茶碗」があり、絵柄も大きさも違うものを使っています。ごはんは最後に少し食べるだけなので、どれも小ぶりです。

汁もの用のお椀

味噌汁などのお椀もいくつか種類があり、これは同じ種類の色違い。私と主人用です。必ず同じ器でそろえなくてもよいと考えています。

わが家の味

料理を作るときに使うのは、ほぼ基本調味料のみ。酒、塩、酢、醤油、味噌、そしてみりんと砂糖、油があれば、大概の和食は作れます。最近は便利な合わせ調味料が人気だと聞きますが、その味に慣れてしまうと、本来の味を忘れてしまうような気がします。シンプルな素材だけでできた調味料は、体にもよく、飽きずに食べ続けることができると思います。

かつお昆布だし

煮ものやお吸いものなど和食にはなくてはならない「だし」。時間のあるときは、素材を煮出してだしを取ってみましょう。透き通った黄金色のだしは、おいしい和食のベースを作ります。

材料（約1.5ℓ分）

昆布…10 g

かつお節…10 g

作り方

① 鍋に1.5ℓの水、昆布、かつお節を入れ、時間があるときはそのまましばらくおく。

② 弱めの中火にかけ、沸騰しそうになったら弱火にしてそのまま5分ほど煮て火を止める。沸騰させると昆布のえぐみが出るので気を付けること。

③ かつお節が沈んだら、ペーパータオルを敷いたざるをボウルにのせ、②を注ぐ。

＊冷蔵庫で2～3日保存可能。

自家製めんつゆ

めんつゆは「かえし」とも呼ばれ、そばつゆや煮ものなどに幅広く使えるので作っておくと便利です。余計なものが何も入っていない自家製のおいしさは格別。保存もきくので、ぜひ試してみてください。

材料（約500mℓ分）

昆布…5ｇ（8～10㎝1枚）
かつお節…20ｇ
醤油、みりん…各1カップ
酒…½カップ

作り方

① 鍋に材料すべてを入れて一晩おく。
② 鍋を弱めの中火にかけ、沸騰しそうになったら弱火にして5分ほど煮る。火を止めてそのまま冷ます。
③ ペーパータオルを敷いたざるをボウルにのせ、②を注ぐ。
＊冷蔵庫で1か月ほど保存可能。

だしがらを使って……

かつおふりかけ

めんつゆを作った後のかつお節を捨てるのはもったいない。調味料がしっかりしみ込んでいるので、カラカラになるまで乾かせば、おいしいふりかけができ上がります。お好みでごまや海苔などを混ぜてみてください。

材料（作りやすい分量）

めんつゆを作った後のかつお節…1回分
白炒りごま…適量

作り方

① かつお節をペーパータオルなどを敷いたざるにのせ、天日で乾かして水分を飛ばす。
② 耐熱容器に広げて並べ、200Wの電子レンジにかけてさらに乾かす。8～10分を目安に加熱し、ひっくり返すなどしてまんべんなく乾くまで繰り返す。600Wの電子レンジの場合は2分を目安に加熱する。
③ 全体がパラパラになったら手で細かくほぐす。好みでごまなどを混ぜる。
＊だしを取った後のかつお節でも作れるが、味が付いていないので、醤油を適量まぶしてから乾かして同様に作る。

梅干し

庭に梅の木が1本あり、毎年のように実をつけます。その実を使って、毎年梅干しを作るようになりました。実が黄色く熟してきたら、いよいよ梅仕事のはじまりです。

材料（作りやすい分量）

梅（黄色く熟したもの）…1kg
塩…170g（梅の17%）
消毒用アルコール（35度以上の焼酎など）
…適量

道具

漬ける容器（陶器、ほうろうなど）
…容量2〜3ℓのもの
落とし蓋
重石…1〜1.5kg（梅の1〜1.5倍）
梅を干すざる

作り方

① 容器、落とし蓋、重石はよく洗ってからアルコールを吹きかけ、消毒する。
② 梅はよく洗ってざるに上げ、そのまま完全に乾かすか、清潔なふきん（またはペーパータオル）などで水気をしっかり拭き取る。
③ 梅のなり口（ヘタ）を楊枝などで丁寧に取り除く。
④ ボウルに③を入れ、梅にアルコールを吹きかけて消毒する。
⑤ 塩の⅔量を加えて全体を混ぜる。漬ける容器に移し、残りの塩を表面にのせる。
⑥ 落とし蓋、重石をのせ、そのまま涼しい場所におく。2〜3日すると梅酢が上がってくる。
⑦ 梅雨が明けたら、晴天が3〜4日続く日を選んで梅をざるに広げる。梅酢はお酢代わりの調味料にする。
⑧ 毎朝、梅の表裏を返し、昼は太陽の光に当て、朝露、夜露に三日三晩当てる。その後、午前中の早い時間に保存容器に移す。

＊塩だけで作る梅干しは常温で何年ももつ。

梅味噌

梅干しは黄色く熟した梅で作りますが、梅味噌は青梅を使います。ほどよい酸味と甘みのある味噌で、そのまま生野菜につけたり、調味料として使ったりと万能です。

材料（作りやすい分量）
青梅、味噌、砂糖…各500ｇ（すべて同量）

作り方
①青梅はよく洗ってふきんなどで水気を拭く。なり口（ヘタ）を楊枝などで丁寧に取り除く。
②深めの鍋に①の青梅、味噌、砂糖を入れて火にかけ、焦げないように木べらで混ぜる。フツフツしてきたら弱火で1時間ほど煮る（種は自然に外れてくる）。木べらですくってぽたぽた落ちるくらいのとろみがついたらでき上がり。
③種を取り除き、煮沸消毒した保存容器に入れる。
＊冷蔵庫で約1年保存可能。

梅味噌の使い方
そのままで、スティック野菜につけたり、焼き茄子やほろふき大根（p.52）にのせたり。炒めものの味付けに使うほか、梅味噌ドレッシング（p.60）にしてもおいしい。豚肉に梅味噌を塗り、根菜に巻いて焼くのもおすすめです。

手作り味噌

味噌は寒い冬の時期に作ると雑菌が出にくく、時間をかけて熟成されます。わが家では毎年2月ごろに仕込み、時間がたつほどに色が濃くなります。

材料（でき上がり 4kg分）
大豆…1kg
乾燥米麹…1kg
塩…500 g
消毒用アルコール（35度以上の焼酎など）…適量

道具
保存容器（陶器、ほうろうなど）
…容量5～6ℓのもの
重石…800g～1.2kg（味噌の重さの20～30%）

濃い色から順に 2016 年、2020 年、2022 年に仕込んだもの。

作り方
① 大豆は手のひらでこすり合わせるようにして洗い、たっぷりの水に 18 時間ほどつけて戻す。
② ①をざるに上げ、鍋にたっぷりの水とともに入れて火にかける。沸騰したら弱火にし、アクを取りながら3～4時間ゆでる（途中で大豆が湯から出るようなら湯を足す）。
③ 大豆が指先で軽くつぶせるくらいのやわらかさになったら、ざるに上げる（ゆで汁は取っておく）。
④ 大きな容器に米麹と塩を入れ、手でこすり合わせながらしっかりと混ぜる。
⑤ 大豆の粗熱が取れたら、温かいうちに厚手のポリ袋や保存袋などに入れ、袋の上から手のひらや麺棒でつぶす。
⑥ ④の容器につぶした大豆（冷めたもの）を加えてよく混ぜる。かたい場合は煮汁を少しずつ加え、耳たぶほどのかたさにする。
⑦ 保存容器の内側にアルコールを吹きかけて消毒する。味噌を適量丸めてから容器に詰めていく。空気が入らないように手で押さえながらすき間なく詰め、表面を平らにする。カビが生えないように容器と味噌の境目をアルコールで消毒する。
⑧ 空気が入らないようにラップをかけ、重石をする。
⑨ 5～6か月たったら容器を開け、全体をよくかき混ぜる。表面にカビが生えていたら取り除く。さらに焼酎を吹きかけ、重石をする。
＊2月に仕込んだら9～10月ごろから食べられる。

CHAPTER

1

次の世代に残したい ふだんのレシピ

子育てが一段落した40代後半から15年ほど、自宅で料理教室をしていました。きっかけは、お友達と箱根に遊びに行ったときのこと。帰りの車の中で、「今日の夕飯、何にしよう」って皆が言い始めたんです。私は、出かける前に献立も決めて、下ごしらえも済ませているので、「こうしておくとラクよ」と手順のコツなんかを話したことで、「お料理教えて！」という流れになったのです。

口コミで広がり、いっときは全部で50人くらいの生徒さんがいましたね。1組4～5人で週に2～3回は開いていたんじゃないかしら。お料理だけでなく、段取りや心持ちの話もよくしていたと思います。

写真付きのレシピカードも作りましたが（p.3参照）、私のレシピは詳しい説明が書いていないのです。工程はなるべくシンプルにして、実演している様子を見ながら生徒さん自身が書き入れて完成してもらうスタイル。教わった料理をそのまま作るのではなく、自分なりに変えていってほしいという思いがあったからです。

教えていたレシピは、ふだん私が家族のために作っていたお料理そのままです。ですから、特別なものではなく、まさに家庭の料理。そしてそれらのレシピの元をたどると、私が若いころにお料理の先生方から教わったレシピであったり。それを、自分の作りやすいように、そして家族の好みに合わせて変化させていったものなのです。

このように、レシピは人から人へ受け継がれていくものだと思います。私ももう77歳。これまでいろいろな方に教わってきたことを、今度は次の世代の方々に伝えていけたら本望です。

まずは主菜から

家族が喜ぶ、肉と魚のおかず

毎日の献立。まずは主菜から考えます。
家庭料理ですので、
なじみのある和食も多いのですが、
特別な日には、子どもが喜ぶメニューを
時間をかけて作ることもよくありました。
コロッケなどは、
子どもたちは5個も6個も食べるので、
一度にたくさん作っても
あっという間になくなってしまいます。
お店で食べるような
洋食や中華料理を作りたいときは、
身近なものを使って、
工夫して作っていましたね。
私は専業主婦で、家族の食事を作ることが
仕事だと思っていましたので、
なるべく手を抜かずに、
がんばっていたように思います。

特別な日のごちそう1

ビーフロール

薄切りの牛肉に炒めた香味野菜がたっぷり。
お肉の量は少なめでも、
1本でボリュームがあります。
お肉ときのこのうまみが溶け出し、
じっくり煮込んだような
濃厚なソースになります。

材料（2〜4人分）
牛薄切り肉（12×15cm程度）…4枚
ベーコン…50g
玉ねぎ…1個
パセリ（粗いみじん切り）…1カップ
しめじ…1/2袋
椎茸…2個
油…大さじ3
粒マスタード…適量
塩、コショウ…各適量
トマト水煮缶（ホール）…1/2缶（200g）
薄力粉…大さじ1
バター…大さじ1

作り方
① ベーコン、玉ねぎは粗いみじん切りにする。しめじは小房に分け、椎茸は薄切りにする。
② フライパンに油大さじ2を熱し、玉ねぎ、ベーコンを入れて炒め、玉ねぎがしんなりしたらパセリを加えてさっと炒める。
③ 牛肉を広げて粒マスタードを薄く塗り、塩、コショウ各少々をふる。②の具が冷めたら、1/4量ずつのせて包み込んで楊枝で留め、薄力粉（分量外）を薄くまぶす。
④ フライパンに油大さじ1を熱して③を入れて、表面がこんがりするまで焼く。トマトの水煮、水1カップ、しめじ、椎茸を加えて煮る。
⑤ 薄力粉とやわらかくしたバターをよく混ぜ合わせ、ブールマニエ（*）を作る。④の煮汁で溶かしながら加えてとろみをつけ、塩、コショウで味を調える。

◎付け合わせに粉吹き芋、ゆでたブロッコリーなどを添えても。
*ブールマニエとは…同量のバターと薄力粉を練り合わせたもので、フランス料理でソースにとろみをつけるときに使う。混ぜやすいようにバターをやわらかくしておくのがポイント。

MEMO
具が出ないように左右からもしっかり包み込んで

特別な日のごちそう2

鮭のパイ

昔は冷凍品がなかったので、
パイ生地も手作りしていましたが
冷凍のパイシートがあると簡単です。
サクサクに焼けたパイは
子どもたちに人気で、
人が集まる日にもぴったりの
華やかなごちそうです。

材料（3〜4人分）
甘塩鮭…250g
玉ねぎ…1個
パセリ（みじん切り）…1カップ
卵…2個
白ワイン…大さじ2
バター…少々
パン粉…1カップ
マヨネーズ…大さじ5〜6
塩、コショウ…各適量
冷凍パイシート…20×20cmのもの2枚
卵黄…適量

作り方

①玉ねぎはみじん切りにする。卵はかたゆでにしてみじん切りにする。鮭は耐熱皿にのせて白ワインをふり、ラップをかけて火が通るまで電子レンジで加熱するか蒸す。皮や骨を取り除いてほぐしておく。
②フライパンにバターを熱して玉ねぎを軽く炒め、パン粉と残りの①、パセリを加え、マヨネーズ、塩、コショウで味を調える。
③パイシート2枚を長方形にのばし、オーブンシートを敷いた天板に1枚を敷く。中央に②をのせて（a）もう1枚を上からかぶせ、周囲をしっかり包む（b）。パイシート（分量外）を細長く切って網目状に飾ってもよい。表面に刷毛などで卵黄を塗って照りをつける（c）。
④250度に予熱したオーブンで30分焼く。

下のパイシートを上のパイシートにかぶせ、上下をくっつけるように指で押さえます。縁が平らになっていても、焼くと盛り上がるので心配いりません。表面に模様をつけずに、ナイフで数か所切り目を入れても。

a

b

c

作り続けている定番おかず

はすの肉団子

蓮根はすりおろすと
意外な食感の変化が生まれます。
鶏ひき肉で作る
あっさりした塩味の肉団子です。

材料（作りやすい分量）
鶏ひき肉…300g
蓮根…200g
卵…1個
生姜（すりおろす）…1片
片栗粉…½カップ
塩…小さじ1
揚げ油…適量

作り方
①蓮根は皮をむいてすりおろす。ボウルに鶏ひき肉、卵、生姜、片栗粉、塩を入れて粘りが出るまで混ぜ、水気を軽く絞った蓮根を加えてよく混ぜる。
②160～170度に熱した揚げ油に、スプーン2本を使って①を丸めて入れ、カラリとするまで揚げる。

◎付け合わせにレタスのせん切りを添えても。

MEMO
すりおろした
蓮根を入れると
もっちりした
食感に

息子の大好物

春巻き

豚肉の春巻きは、とろみをつけず具がシャキッとしているのがおいしさの秘訣。海老の春巻きは塩味であっさりしていて、ピーマンの甘さでやさしい味わいです。

【豚肉と春雨】

材料（10個分）

豚薄切り肉（好みの部位）…150g
たけのこ（水煮）…1個（150g）
にら…1把
春雨（乾燥）…20g
春巻きの皮…10枚
A
醤油…大さじ1
ごま油…大さじ1
片栗粉…大さじ1
ごま油…少々
塩、コショウ…各適量
揚げ油…適量

作り方

① 豚肉は細切りにし、Aをもみ込んでおく。
② たけのこはせん切りに、にらは4cm長さに切る。春雨はさっとゆで、食べやすい長さに切っておく。
③ フライパンにごま油を熱し、豚肉、野菜、春雨の順に入れてその都度炒め、塩、コショウで味を調える。
④ ③の具が冷めてから、春巻きの皮に1/10量ずつをのせて巻く。閉じ終わりは水で溶いた薄力粉（材料外）で留める。
⑤ 180度に熱した揚げ油で④をカリッとするまで揚げる。

右が【豚肉と春雨】、左が【海老と野菜】。両方を一度に作るのは大変なので、その日の気分で作り分けてください。

【海老と野菜】

材料（10個分）

海老…大5尾
椎茸…4個
赤パプリカ…1個
ピーマン…3～4個
玉ねぎ…1個
春巻きの皮…10枚
塩、酒…各適量
ごま油…少々
コショウ…少々
砂糖…小さじ½
片栗粉…大さじ1
揚げ油…適量

作り方

① 海老は殻と背ワタを取って1cm幅に切り、塩と酒各少々をふっておく。
② 椎茸、赤パプリカ、ピーマン、玉ねぎは1cm四方に切る。
③ フライパンにごま油を熱し、海老、野菜と椎茸の順に入れてその都度炒める。½カップの水を加え、塩小さじ½、コショウ、砂糖で味を調え、水溶き片栗粉（片栗粉を同量の水で溶く）でとろみをつける。
④ ③の具が冷めてから、春巻きの皮に1/10量ずつをのせて巻く。閉じ終わりは水で溶いた薄力粉（材料外）で留める。
⑤ 180度に熱した揚げ油で④をカリッとするまで揚げる。

孫も大好きなおかず

カリカリポーク

孫からのリクエストも多くよく名前が挙がるふだんのおかずです。薄切りの豚肉で作るので、揚げ時間が短く、気軽に作れます。たれを絡めたら、カリカリ感が残るうちに食べるのがお決まりです。

材料（2人分）

豚薄切り肉（好みの部位）…200g

A
- 玉ねぎ（みじん切り）…1/4個
- めんつゆ（p.15）…50㎖
- 酢…20㎖

片栗粉…適量

揚げ油…適量

作り方

①ボウルにAを混ぜ合わせておく。

②豚肉は長ければ半分に切る。片栗粉を薄くまぶし、180度に熱した揚げ油でカラッとするまで揚げる。

③②が熱いうちに①のボウルに入れてたれを絡ませる。

◎芽ねぎや細ねぎの小口切りをのせてもよい。

"カリカリポーク"のアレンジ

豚肉と茄子の揚げびたし

材料（作りやすい分量）

豚薄切り肉（好みの部位）…300g
茄子…4~5個
生姜（せん切り）…適量
めんつゆ（p.15）…2/3カップ
だし汁…1/2カップ
薄力粉…適量
揚げ油…適量

カリカリポークも豚肉と茄子の揚げびたしも、豚肉を揚げるところまでは同じ。片栗粉をまぶすとカリッと、薄力粉だとふんわり揚がります。

作り方

① バットにめんつゆとだし汁、生姜を入れて混ぜ合わせておく。
② 茄子はヘタを切り落として縦4~6等分に切り、180度に熱した揚げ油に入れる。中まで火が通ったら取り出して油を切り、熱いうちに①のたれにつける。
③ 豚肉は長ければ半分に切る。薄力粉を薄くまぶし、180度に熱した揚げ油でカラッとするまで揚げる。
④ 熱いうちに①のたれにつけ、10分ほどおいて味をなじませる。

鶏肉と野菜の煮込み

レシピは洋風ですが、
ごぼうを入れることで、
和風の味わいにも思えます。
肉厚でやわらかい
春キャベツで作ると格別です。

材料（作りやすい分量）

鶏もも肉…2枚
キャベツ…½個
ごぼう…1本
玉ねぎ…1個
塩…適量
コショウ…少々
オリーブ油…大さじ2
タイム…2本
ローリエ…1枚

作り方

①鶏肉に塩少々、コショウをふって2〜3分おく。キャベツは食べやすい大きさにちぎり、ごぼうは4〜5cm長さに切り、太ければ縦半分か4等分に切る。玉ねぎは薄切りにする。

②フライパンにオリーブ油大さじ1を熱し、鶏肉を皮目から入れてこんがりするまで焼く。反対側はさっと焼く。

③鶏肉を焼いている間に、別の鍋にオリーブ油大さじ1を熱し、玉ねぎを入れてしんなりするまで炒める。ごぼうを加えて炒め、ごぼうの香りが出たらキャベツを加え、②の鶏肉をのせる。

④野菜がひたひたになるくらいの水（1カップ程度）、タイム、ローリエを加え、塩で味を調える。落とし蓋をして20〜30分煮込む。

MeMO
鶏肉の代わりに
豚のかたまり肉で
作っても

さばの味噌煮

わが家の味噌煮は
煮汁がさらっとしていて
まるで味噌汁のような
薄味仕立て。
魚がふっくらと煮上がります。
付け合わせの野菜は
お好みでどうぞ。

材料（作りやすい分量）

さば…4切れ
こんにゃく…1枚
ごぼう…½本
A
- 生姜の絞り汁…大さじ1
- 酒…300㎖
- 水…300㎖
- 砂糖…大さじ2
- みりん…大さじ1
- 醤油…大さじ1
- 酢…小さじ1

味噌…大さじ3

作り方

① さばは皮目に飾り包丁を入れる。
② こんにゃくは端から8㎜厚さに切り、上下1㎝を残して中央に切り込みを入れる。一方の端を中央の穴の中に入れて引っ張り、ねじれた形を作る。沸騰した湯でさっとゆでる。
③ ごぼうは鍋に入る長さに切り、沸騰した湯でやわらかくなるまで2〜3分ゆでる。4㎝長さに切り、麺棒などでたたいて縦半分または4等分に裂く。
④ 底の広い浅鍋にAを入れて強火で煮立て、さばの皮を上にして並べ入れる。再び煮立ったら中火にし、煮汁をさばの上からかけ、落とし蓋をして5〜6分煮る。
⑤ ④の煮汁を容器に少し取り分け、味噌を溶き入れ、弱火にして時々煮汁を回しかけながら5分ほど煮る。
⑥ さばを器に盛り、残った煮汁にこんにゃく、ごぼうを入れて2〜3分煮て、器に盛り合わせる。

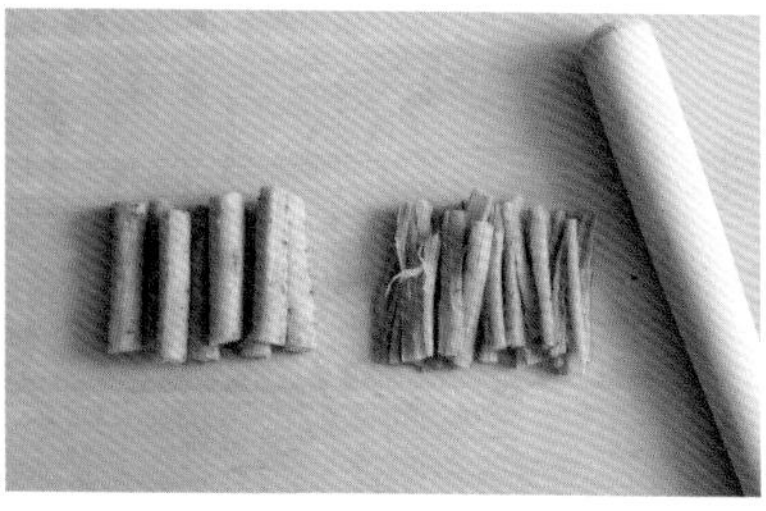

かたいごぼうは、やわらかくゆでてから「たたきごぼう」にすると、断面からよく味がしみ込みます。割れ目ができたら手で簡単に裂けます。

手綱のようなねじれた形にすることから「手綱こんにゃく」といわれています。味がしっかりとしみ込み、食べたときの食感もよくなります。

金目の煮付け

濃いめの煮汁でごはんが進むおかずです。お酒、水、みりん、醤油が同量と覚えるとよいでしょう。とろっと煮えたわかめもおいしいですよ。

材料（2人分）
金目鯛…2切れ
生姜（薄切り）…1片
蓮根…200g
わかめ…適量
A
酒…¼カップ
水…¼カップ
みりん…¼カップ
醤油…¼カップ
砂糖…大さじ2

作り方
①蓮根は皮をむいて1cm厚さの輪切りにする。わかめは食べやすく切る。
②底の広い浅鍋にAを入れて煮立て、金目鯛が重ならないように並べ、生姜と蓮根を空いているところに入れる。
③再び煮立ったら落とし蓋をし、弱めの中火で5～6分煮る。煮汁が半分くらいになったらわかめを入れ、煮汁を絡めたら火を止め、そのまま少しおいて味をなじませる。

さんまの辛煮

主菜というよりも、
ごはんのお供。
お酢を入れることで、
さんまの身が
やわらかく煮え、
汁気をしっかり
飛ばすので
日持ちもします。
お弁当のおかずや、
おかゆ、お茶漬けにも。

材料（作りやすい分量）
さんま…6尾
生姜（せん切り）…30g
酢…180㎖
A
酒…250㎖
醤油…180㎖

作り方
①さんまは頭とワタを取り除いて中まできれいに洗う。水気をよく拭き、大きさにより4〜5等分の筒切りにする。
②さんまの切り口が上になるように鍋に並べ入れる。生姜を散らし、水250㎖と酢を加え、強火にかける。
③アクを丁寧に取って落とし蓋をする。煮汁が煮立つ直前に弱火にし、水分が少なくなるまで1時間程度を目安に煮る。
④Aを加えて火を強め、煮立つ直前に弱火にし、再び落とし蓋をして煮汁がほとんどなくなるまで、2時間ほどゆっくり煮る。
⑤粗熱が取れたら網にのせ、汁気を切りながら完全に冷ます。

いわしの香味焼き

たれに漬けてオーブンで焼くだけ。
オーブンだと焦げにくく、
ほったらかしでできるので安心です。

材料（作りやすい分量）
いわし　4〜6尾
A
醤油…100㎖
酒…30㎖
みりん…20㎖
砂糖…大さじ1
味噌…小さじ½
豆板醤…小さじ1
にんにく（みじん切り）…大さじ½
生姜（みじん切り）…大さじ½
長ねぎ（みじん切り）…1本

作り方
①Aの材料をバットに入れて混ぜ合わせておく。
②いわしは頭とワタを取り除いて中まできれいに洗い、水気をよく拭いてから、①のたれに半日以上漬けておく。
③天板にオーブンペーパーを敷いて②を並べ、200度に予熱したオーブンで30分焼く。

あじのさつま揚げ

市販のさつま揚げとは別もののおいしさ。
食べ応えがあり、
ごぼうの食感がいいアクセントに。
揚げたてをぜひ食べてみてください。

材料（5枚分）

あじ…3尾（正味250g）
長ねぎ…½本
ごぼう…⅓本
A
- 味噌…小さじ1
- 酒…大さじ1
- 生姜（みじん切り）…大さじ1
- 片栗粉…大さじ1
- 醤油、塩…各少々

揚げ油…適量

作り方

①あじは三枚におろし、皮をむく。
②長ねぎは縦半分に切り、5㎜厚さに切る。ごぼうは小さめのささがきにする。
③あじを粗く切り、さらに包丁でたたいて細かくする。
④③にAを加えてよく混ぜ、②を加えてよく混ぜる。
⑤5等分にして平たい丸形にし、180度に熱した揚げ油でこんがりするまで揚げる。

◎大根おろしにせん切りの青じそを混ぜて添えても。

肉団子と白菜のとろとろ煮

白菜のおいしい冬に
作りたくなる料理です。
とろとろになるまで
やわらかく煮た白菜がごちそう。

材料（作りやすい分量）
豚ひき肉…200g
白菜…¼個
玉ねぎ…½個
固形スープの素…1個
塩、黒コショウ…各適量
片栗粉…大さじ1

作り方
①白菜は大きめのざく切りにし、玉ねぎはみじん切りにする。
②ボウルに豚ひき肉、塩2つまみを入れ、粘りが出るまでよく練る。玉ねぎを加えて混ぜ合わせ、一口大に丸くまとめる。
③鍋に湯を沸かして②の肉団子を入れ、表面が白くなって固まってきたら火を止め、そのままにしておく。
④鍋に白菜の軸、③の肉団子、白菜の葉の順に重ね、③のゆで汁½カップを入れる。蓋をして火にかけ、5〜6分して白菜の葉がしんなりしてきたらスープの素を入れ、再び蓋をして弱火にし、約30分煮る。白菜がとろとろになったら、塩、黒コショウで味を調える。
⑤水溶き片栗粉（片栗粉を同量の水で溶く）を加えてとろみをつけ、スープを白菜に絡ませる。

MEMO
肉団子をゆでてから煮ると形よくしっとりと仕上がります

酢豚

豚肉だけで作る酢豚は
肉の味が凝縮していて、食べ応えが違います。
お酢と黒酢を合わせるとほどよいコクが出て
中華料理店のような本格的な味になります。

材料（2〜3人分）

豚ロース肉（とんかつ用）…300g

A
- 酒…大さじ1
- 醤油…小さじ2

塩、コショウ…各少々
片栗粉…適量
揚げ油…適量

B
- 酢…大さじ1と½
- 黒酢…大さじ1と½
- 醤油…大さじ1と½
- 酒…大さじ1
- 砂糖…大さじ3

白炒りごま…大さじ2
ごま油…小さじ1

作り方

①豚肉は1cm幅に切ってボウルに入れ、Aを加えてよくもみ込む。

②水溶き片栗粉（片栗粉大さじ2を同量の水で溶く）を加えて混ぜ、さらに片栗粉大さじ3を加えてよく混ぜる（衣がしっかりつくように）。

③180度に熱した揚げ油でカリッとするまで②を揚げる。

④フライパンにBを入れて熱し、沸騰したら③を加えてよく絡める。仕上げにごま、ごま油を加えて混ぜ合わせる。

牛肉とごぼうの黒コショウ炒め

ごぼうは太めに切って
ゴリゴリッとした食感が残るくらいに
炒めるのがポイント。
それに対して、
牛肉はさっと炒める程度に。

材料（2人分）

牛肉（切り落とし）…200g
ごぼう…200g
酒…大さじ3
醤油…大さじ1
油…大さじ2
塩…少々
オイスターソース…大さじ1
粗びき黒コショウ…適量

作り方

①牛肉は一口大に切ってボウルに入れ、酒、醤油を回しかけてなじませる。ごぼうは5㎜角の棒状に切る。
②フライパンに油大さじ1を熱し、ごぼうを広げ入れ、塩をふって強火で炒める。
③ごぼうを取り出して、フライパンに油大さじ1を熱し、牛肉を入れて炒める。焼き色がついたら、オイスターソース、粗びき黒コショウを加え、ごぼうを戻し入れて全体を炒め合わせる。

COLUMN

焼豚はずっとこのレシピで作り続けています

このレシピに出合ったのは
もう30年以上も前のこと。
娘が通っていた中学校で
料理講習会があり、
そのときに教わったのが、
この焼豚です。

焼豚はいろいろなレシピがありますが、
お鍋ひとつでできるので、
私にとってこの方法が一番簡単。
やわらかくなるまで煮てから
最後に煮汁を絡めることで、
肉質がふっくらしていて、
煮汁が香ばしくなります。
大事なポイントは、
深さのある厚手のお鍋で作ること。
薄いお鍋では
焦げてしまうかもしれません。

MEMO
保存するときは肉とたれを別々に

a

b

c

d

材料（作りやすい分量）
豚肩ロース肉（かたまり）…1kg
にんにく…2片
生姜…2片
酒…1カップ
砂糖…大さじ4
醤油…大さじ8（120㎖）

作り方

①厚手の深鍋に豚肉を入れ、十分かぶるくらいの水と軽くつぶしたにんにく、生姜を入れて火にかける。煮立ってきたら弱火にして、1時間〜1時間半煮続ける。

②楽に串が通り、澄んだ脂が出るくらいまで煮えたら、一度肉を取り出す。

③鍋の煮汁をボウルなどにあけ、そこから½カップを②の鍋に戻す。

④鍋を火にかけ、しばらくして煮汁がほとんどなくなり（a）、鍋底できつね色に焦げ始め、透き通った脂が音を立て始める。焦げ目がだんだん広がり、いくらか栗色に変わってきたら火を止める（b）。酒、砂糖、醤油を加えてしっかり混ぜ、再度火にかけてひと煮立ちさせる（c）。ここで焦げ具合が強かったら、一度たれを濾して焦げ付いたかすを取り除くとよい。

⑤取り出しておいた肉を鍋に戻し、たれを絡めて火を止める（d）。

⑥冷めたら肉を食べやすく切り、少し煮詰めたたれをかける。

焼豚を使って……炒飯

椎茸の香りがよいシンプルな炒飯。
焼豚の端の崩れた部分を使うとよいでしょう。
たれを少々加えてもおいしいです。

材料（2人分）
焼豚…200g
長ねぎ…½本
椎茸…4個
卵…2個
炊いたごはん…400g
（やわらかめに炊いたごはんのほうがむしろよい）
油…大さじ3
（焼豚を作ったときにできたラードと半々でも）
塩、コショウ、醤油…各少々

作り方

①焼豚は1㎝角に切り、長ねぎはみじん切りに、椎茸は軸も含めて5〜6㎜角に切る。卵は溶きほぐす。

②中華鍋を熱して油を入れてよくなじませ、溶き卵を流し入れる。

③卵を端に寄せ、ごはん、長ねぎ、椎茸、焼豚を加えて鍋肌に軽く押し付けながら全体を混ぜ、ごはん粒に焼き目を付ける気持ちで、丁寧に炒める。

④塩、コショウをふり入れ、鍋肌に醤油を回し入れ、全体に大きく混ぜて香りよく仕上げる。

主菜に合わせて
決める副菜

温かい料理

主菜がボリュームのあるお料理なら
あとはちょっとした煮ものと
簡単な野菜料理だけで十分です。
でも、もう少しおなかにたまるものが
欲しいなと思ったときや、
温かいお料理が少ないときには、
ここで紹介するような副菜を
献立に加えてみるとよいでしょう。

MEMO
朝ごはんにも
よさそうですね

じゃが芋のパンケーキ

パンケーキという料理名ですが、
今でいうガレットに近いものです。
卵が入っているので、
オムレツのような味。
焼き目がつくまで
こんがり焼きましょう。

材料（2人分）
じゃが芋…2個
玉ねぎ…½個
にんにく…1片
卵…1個
片栗粉…大さじ2
塩…小さじ1
オリーブ油…大さじ2

作り方
①じゃが芋は細めのせん切りにし、玉ねぎは薄切りに、にんにくはみじん切りにする。
②①のじゃが芋、玉ねぎをボウルに入れ、溶きほぐした卵と片栗粉、塩を加えてよく混ぜる。
③フライパンにオリーブ油を熱してにんにくを入れ、香りが出たら②を入れて薄くのばし、両面がこんがりするまで焼く。

◎ベビーリーフなどの野菜を添えても。

豆腐の丼蒸し

崩し豆腐、卵液、
海苔あんが3層になって、
口の中で
合わさったときの
繊細なおいしさを
感じてみてください。
心も体も温まる
やさしい味です。

材料（作りやすい分量）

絹ごし豆腐
…1丁（300g）
卵…1個
だし汁…150㎖
塩…小さじ½

海苔あん

- だし汁…1カップ
- 焼き海苔…全形1枚
- 醤油…大さじ1
- 片栗粉…大さじ1
- ごま油…大さじ1

作り方

①豆腐は蒸し鉢（耐熱のもの）に入れ、泡立て器でざっくりとつぶす。
②ボウルに卵、だし汁、塩を入れて混ぜ合わせたら一度ざるで濾す。
③①の鉢に②を注いで軽く混ぜ、ラップをかける。
④蒸し器（または湯を張ったフライパン）に入れ、沸騰してから20分ほど弱火で蒸す。
⑤海苔あんを作る。鍋にだし汁を入れ、海苔をちぎり入れて火にかけ、醤油で調味する。煮立ってきたら水溶き片栗粉（片栗粉を同量の水で溶く）を加えてとろみをつけ、ごま油を加える。
⑥④に⑤の海苔あんをかける。

◎三つ葉をのせてもよい。小さい器で1人分ずつ蒸しても。

蓮根まんじゅう

すりおろした蓮根を
加熱しながら練ると
蓮根だけとは思えないほど
もっちりとした食感になります。
上品な味で、おもてなしに
出すと喜ばれます。

材料（4人分）

蓮根…300g

A
酒…大さじ½　塩…ひとつまみ
薄口醤油…小さじ1

B
だし汁…200㎖　薄口醤油…大さじ2
みりん…大さじ1

片栗粉…適量　揚げ油…適量
薬味（おろし生姜、練り辛子、柚子、わさびなど）…少々

作り方

①蓮根は皮をむき、おろし金で円を描くようにすりおろす。目の細かいざるにあけ、軽く水気を絞る。

②鍋に①とAを入れて混ぜて火にかけ、木べらでよく練る。鍋肌から生地が自然に離れるくらいまで火を通したら、バットに出して冷ます。

③②の生地を約80gずつに分け（4等分に）、ラップに包んで茶巾に絞り、冷蔵庫でしばらく冷ます。

④Bを鍋に入れて火にかけ、ひと煮立ちしたら水溶き片栗粉（小さじ2の片栗粉を大さじ1の水で溶く）を入れ、適度にとろみをつける。

⑤③のラップをはがして形を整え、表面に片栗粉を薄くはたく。160〜170度に熱した揚げ油で色よく揚げる。

⑥器に盛り、④のあんをかけ、好みの薬味をのせる。

大根餅

中華料理でおなじみの大根餅も
自宅で簡単に作ることができます。
カリッとした中になめらかな餅生地。
干し海老の風味が口の中に広がります。

材料（作りやすい分量）
大根…200g
干し海老（中華食材）…10g
酒…大さじ1
塩…少々
上新粉…100g
片栗粉…50g
ごま油…大さじ2

作り方
① 干し海老は少量の水に浸してやわらかくし、粗いみじん切りにする。大根はせん切りにする。
② 鍋に湯を沸かし、①の大根と干し海老を戻し汁ごと入れ、酒、塩を加える。アクを取りながら大根がやわらかくなるまで煮る。
③ 火からおろして400gを量り（煮汁で調整）、上新粉と片栗粉をふり入れ、木べらでよく混ぜる。バット（電子レンジ対応のもの）に入れて表面をならす。
④ ラップをふわっとかけて、電子レンジ（600W）で5分加熱する。
⑤ 粗熱が取れたら食べやすい大きさに切る。フライパンにごま油を熱し、両面がカリッとするまで焼く。

厚揚げのオイスター炒め

ちょっとおかずが足りないなと思ったときに、厚揚げがあったらすぐにできるお助けおかず。片栗粉をまぶしてこんがりするまで焼くと表面がカリッとしておいしいです。

材料（2人分）

厚揚げ…1枚（200g）
片栗粉…大さじ½
細ねぎ…½束
油…大さじ1
唐辛子粉（一味唐辛子でも可）…大さじ½
A
　酒…大さじ1
　醤油…大さじ1
　オイスターソース…大さじ½

作り方

① 厚揚げは1.5㎝角に切り、片栗粉をまぶす。細ねぎは小口切りにする。
② フライパンに油を熱し、唐辛子粉を入れて香りが出たら、厚揚げを加えて焼き付ける。Aを加えて調味し、細ねぎを加えて炒め合わせる。

MeMO
ビールのおつまみにどうぞ

主菜に合わせて
決める副菜

作っておける煮もの

作り置きできるおかずは、
「あると安心」な存在。
特に、煮ものは毎日のように作ります。
作りたてよりも、
時間がたって味がなじんだほうが
おいしいので、
余裕のある午前中などに
作ることが多いです。
多めに作っておくと、
翌日以降も楽しめますし、
お弁当のすき間おかずにも使えて便利。
ここでは、野菜やお豆腐を使った
作り置きおかずを紹介します。

冬野菜のラタトゥイユ

ラタトゥイユとは
「野菜の煮込み」という意味。
夏野菜のトマト煮込みのようなものを
思い浮かべる方も多いかもしれませんが、
私は、冬においしい根菜を使った
和風のラタトゥイユを考えてみました。

材料（2〜4人分）
大根…10㎝程度
蓮根…200g
にんじん…1本
ごぼう…1本
さつま芋…1本
玉ねぎ…1個
ベーコン（ブロック）…100g
オリーブ油…大さじ2
醤油…大さじ4
みりん…大さじ3
塩、コショウ…各適量

作り方
①野菜はすべて大きさをそろえて小さめの乱切りにする。ベーコンは1㎝幅に切る。
②フライパンにオリーブ油を熱し、ベーコンを炒める。ベーコンの脂が出てきたら玉ねぎを加え、しんなりするまで炒める。残りの野菜も加え、全体に油がなじむように炒める。
③醤油、みりんを加え、蓋をして弱火で約15分蒸し煮にする。塩、コショウで味を調える。
◎ゆでたさやいんげんを彩りに添えても。

MEMO
根菜は同じくらいの大きさに切りそろえます

ほろふき大根

冬は大根がみずみずしくておいしい季節。立派な大根が手に入ったら、コトコト煮込んで作ります。好みの味で楽しんでください。

材料（作りやすい分量）
大根…3cm厚さの輪切り6切れ
昆布…6〜7cm

作り方
①大根は皮を少し厚めにむき、片側を面取りし、もう片側には十字の切り込みを入れる。面取りは煮崩れを防ぎ、切り込みは火が通りやすくするため。
②鍋に昆布を敷いてその上に大根を並べ、大根がかぶるくらいの水を注ぎ、蓋をして火にかける。沸騰したら弱火にし、大根がやわらかくなるまでゆっくり煮る。
③器に大根をのせてゆで汁を少しかけ、好みの味で食べる。柚子コショウや梅味噌（p.17）でもおいしい。

柚子味噌（6切れ分）

白味噌大さじ4に、すりおろした柚子の皮適量と柚子の搾り汁大さじ2を加えて混ぜる。ゆで汁を加えて好みのかたさに調整する。

中華風ねぎだれ（6切れ分）

器に大根を盛り、長ねぎのみじん切り適量をのせる。ごま油大さじ3を熱々に熱して長ねぎの上に等分に回しかけ、醤油大さじ3と豆板醤少々を混ぜたものを等分にかける。

海老あん（6切れ分）

殻をむいて背ワタを取った海老4〜5尾を粗く刻む。鍋にだし汁1カップ、みりん、酒、薄口醤油各大さじ1と½を入れて煮立て、海老を入れて火を通す。水溶き片栗粉（片栗粉大さじ1を同量の水で溶く）でとろみをつけ、生姜汁少々を加える。大根に海老あんをかけ、三つ葉をのせる。

炒り豆腐

炒り豆腐は水分を飛ばしながら炒め、パラパラに仕上げると日持ちがよくなります。常備菜として、ごはんと一緒にどうぞ。

材料（作りやすい分量）
木綿豆腐…1丁（300g）
豚ひき肉…100g
生姜…1片
長ねぎ…1本
椎茸…4個
卵…2個
油…大さじ2
A
塩…小さじ½
砂糖…大さじ2
酒…大さじ1
醤油…大さじ1
ごま油…小さじ1

作り方
①豆腐は水切りをする。生姜、長ねぎはみじん切りに、椎茸は薄切りにする。
②鍋に油を熱し、生姜と豚ひき肉を入れて炒め、肉の色が変わったら長ねぎと椎茸を加えてしんなりするまで炒める。野菜の水分をよく飛ばす。
③豆腐をほぐしながら加え、パラパラになるように炒め合わせる。豆腐の水分もよく飛ばす。
④Aを加え、味を絡めながら汁気がほとんどなくなるまで炒め煮にする。
⑤溶きほぐした卵を回し入れ、火が通ったらごま油を加えてざっと混ぜる。

◎ゆでて細切りにした絹さやを彩りに添えても。

高野豆腐の煮込み

高野豆腐を
揚げてから煮ると
驚くほどのコクが出て
煮汁がじゅわーっと
口の中に広がります。
かつおだしで煮るのとは
違ったおいしさです。

材料（作りやすい分量）

高野豆腐…3枚
干し椎茸…2個
絹さや…8枚
赤唐辛子（ヘタと種を取る）…1本
薄力粉…適量
揚げ油…適量
油…少々
A
醤油…大さじ1
オイスターソース…大さじ2
片栗粉…大さじ1
ごま油…適量

作り方

①干し椎茸は水で戻しておく。高野豆腐は水で戻してから水気を絞り、食べやすい大きさに切る。薄力粉を薄くまぶして、180度に熱した揚げ油でこんがりするまで揚げる。

②干し椎茸はそぎ切りにし、戻し汁は1カップ分を取っておき、足りなければ水を足す。

③フライパンに油を熱し、赤唐辛子、干し椎茸を強火で炒める。A、干し椎茸の戻し汁を加えて煮立て、①の高野豆腐を加えて2～3分煮たら絹さやを加える。

④水溶き片栗粉（片栗粉を同量の水で溶く）を加えてとろみをつけ、ごま油を回しかける。

かぼちゃのかつお節煮

かぼちゃの煮ものに
かつお節を加えると
コクが出ます。
好みのかたさに仕上げて。

材料（作りやすい分量）

かぼちゃ…½個（600g）
かつお節…20g
砂糖…大さじ3
みりん…大さじ1
醤油…大さじ2

作り方

①かぼちゃは種とワタを取り、5～6cm角に切り、面取りする。
②鍋にかぼちゃとひたひたの水、かつお節を入れ、煮立ったらアクを取り、砂糖、みりんを加える。
③やわらかくなったら醤油を加え、煮汁が半分になるまで煮詰める。

かぶの炒め煮

かぶは薄く切って
ごま油で炒めるので、
ひと煮立ちさせれば完成。
冷めるうちに味がしみます。

材料（作りやすい分量）

かぶ…5～7個
ごま油…大さじ1
だし汁…500ml
酒…大さじ2　塩…小さじ½
みりん…大さじ1
醤油…大さじ1　酢…2～3滴

作り方

①かぶは茎を1cmほど残して切り、縦に3mm厚さに切る。葉は3cm長さに切る。
②鍋にごま油を熱してかぶの葉（好きなだけ）を炒める。しんなりしたら取り出し、同じ鍋にかぶを入れて炒める。
③透明感が出てきたらかぶの葉を鍋に戻し、だし汁を加え（かぶが浸るくらい）、酒、塩、みりんを加える。ひと煮立ちしたら醤油を加え、最後に酢を加える。温かくても冷たくてもおいしい。

COLUMN

ちゃんと知っておきたいお赤飯

昔は、お祝い事に
欠かせなかったお赤飯。
今では作る人が少なくなって
しまったように思います。
豆を使った料理というと、
一晩戻すなどの
手間がかかるイメージが
あるようですが、
実は、小豆やささげは
戻さなくてもよいので、
お赤飯は、思い立った日に作れます。
私のレシピは、フライパンを使い、
もち米に小豆のゆで汁を
十分に吸わせてから
蒸し器に移して蒸すだけ。
意外と簡単でしょう。
ゆで汁に塩を加えておくので、
ほんのり塩気もついて
しみじみおいしいです。

材料（作りやすい分量）
もち米…3カップ
小豆（またはささげ）…60g
塩…小さじ1
ごま塩…少々

作り方
①鍋に洗った小豆とたっぷりの水を入れて強火にかける。煮立ったら弱火にし、八分通りゆでる。八分通りとは、食べてみてちょっとかたいかなと感じるくらい。小豆が新しいか古いかでゆで時間が変わるので、20～40分を目安に様子を見ながらゆでる。ゆで上がったら小豆とゆで汁に分ける。
②もち米は洗ってざるに上げ、10分以上おく。
③大きめのフライパンに小豆のゆで汁240㎖（足りなければ水を加える）と塩を入れ、強火にかける。沸騰したらもち米を加え、強火のまま1分ほどしゃもじでかき混ぜ、もち米に水分を吸わせる（a）。火を止め、小豆を加えて（b）よく混ぜる（c）。
④水を入れた蒸し器にかたく絞ったふきん（蒸し布）を敷き、③を入れて火にかける。蒸気が出てから20～25分蒸す（d）。
⑤器に盛り、ごま塩をふる。

a

b

c

d

大豆を煮てみましょう

日本でおなじみの豆といえば、やっぱり大豆。
ふっくら煮た豆は、煮もののほか、スープやサラダに入れても。
大豆はゆでるときにちょっとしたコツがあるので、ご紹介します。

作り方
①鍋に湯を沸かし、洗った大豆を入れて火を止める。すぐに蓋をして1時間おいて戻す。
②戻した大豆の鍋を火にかけ、沸騰したらアクを取り除く。通常はお玉ですくい取るが、渋みが強くてアクが多い豆は「ゆでこぼし」（一度湯を捨てること）をする。
③弱火にして蓋をし、やわらかくなるまで50分ほど煮る。蓋をすることで煮崩れと水分蒸発を防ぐ。45分ほどたったときに指先で豆を押してつぶれればでき上がり。
④保存する場合はゆで汁につけたままにする。ゆで汁ごと冷凍すれば2か月ほどもつ。

【いろいろな豆の煮方】

金時豆
たっぷりの水に一晩浸し、翌日そのまま火にかけ、やわらかくなるまで差し水をしながら30分から1時間ほど煮る。
食べ方…王道の甘煮のほか、スープやチリコンカンなど。

ひよこ豆
たっぷりの水に一晩浸し、翌日そのまま火にかけ、やわらかくなるまで30分ほど煮る。煮すぎると、独特のホクホクした食感がなくなってしまうので注意。
食べ方…サラダやカレー、ディップなど。

主菜に合わせて決める副菜

冷たい料理

サラダや和えもののような副菜は主菜との組み合わせを考えて、必ずといっていいほどよく作ります。

さっぱりしたお料理は、箸休めにもなりますし、食卓に一品は欲しいものですよね。

野菜だけで作ることもあれば、たんぱく質食材と組み合わせることも。

ここでは、和・洋・中の料理を紹介していますので、献立に合わせて選んでみてください。

冬の白いサラダ

冬が旬の白い野菜だけを使った
真っ白なサラダ。
見た目の美しさを考えて作りました。
長芋のねっとり感がドレッシングと絡まり
食材をひとつにまとめます。

材料（作りやすい分量）

蓮根…小1節
カリフラワー…½個
じゃが芋…1個
白菜（白い軸の部分）…4枚
長芋…4cm
セロリ…少々
A
カッテージチーズ…150g
牛乳…大さじ4
マヨネーズ…大さじ3
白ワインビネガー（または酢）…大さじ1弱
塩…少々

作り方

①蓮根は皮をむいて薄いいちょう切りにし、塩少々（分量外）を加えた湯で2〜3分ゆでる。
②カリフラワーは一口大に切り、酢少々（分量外）を加えた湯で2〜3分ゆでる。
③じゃが芋は水から丸ごとゆで、やわらかくなったら取り出して皮をむき、2〜3cm厚さのいちょう切りにする。
④白菜と長芋は短冊切りに、セロリはせん切りにする。
⑤①〜④をボウルに合わせ、Aを混ぜ合わせたものを加えて和える。

MEMO
ドレッシングも
白にこだわりました。
お味も色も
スッキリさっぱり

豚の冷しゃぶサラダ
梅味噌ごまドレッシング

自家製の梅味噌を使ったドレッシングは、豚しゃぶによく合います。酸味と甘みがほどよく さっぱりして夏の暑さを吹き飛ばします。

材料（2人分）

豚肉（しゃぶしゃぶ用）…200g
レタス…4枚
A
- 梅味噌（p.17）…大さじ3
- 白すりごま…大さじ3
- 酒…大さじ2
- だし汁…大さじ2

作り方

①レタスは食べやすくちぎる。沸騰した湯に豚肉を1枚ずつ入れ、火が通ったら冷水にとって冷まし、水気を切る。
②Aを混ぜ合わせてドレッシングを作る。
③器にレタスを盛り、豚肉をのせ、②のドレッシングをかける。

梅味噌ごまドレッシング

写真のドレッシングのほか、梅味噌マヨネーズもおすすめ。梅味噌大さじ3、マヨネーズ大さじ2、酒大さじ2を混ぜ合わせたもので、子ども向けの味です。アルコールが気になるなら煮切った酒を使ってください。

豆腐のテリーヌ

豆腐とそら豆という
和の食材を使い、
洋風の料理に
チャレンジしてみました。
隠し味に白味噌が
入っているので、
どことなく
和風の味わいです。

材料（2人分）

木綿豆腐…1丁（300g）
玉ねぎ…½個
そら豆（さやから出す）…½カップ
オリーブ油…大さじ1

A
- 塩…小さじ1
- コリアンダーパウダー…小さじ½
- コショウ…少々

B
- 山芋（すりおろす）…¼カップ
- 白味噌…大さじ1

MEMO
テリーヌ型に詰めて蒸します

作り方

①沸騰した湯に豆腐を崩しながら入れ、再び沸騰したらざるに上げる。皿などで重石をして1時間ほどおいて水気を切る。
②玉ねぎはみじん切りにする。そら豆はゆでてから皮をむき、粗くつぶす。
③フライパンにオリーブ油を熱し、玉ねぎを少し色づくまでじっくりと炒め、Aを加える。
④ボウルに豆腐とそら豆、③、Bを入れて混ぜ合わせる。
⑤テリーヌ型に必要であれば油（分量外）を塗り、④を詰める。蒸気が上がった蒸し器に入れて20～25分蒸す。
⑥粗熱が取れたら冷蔵庫で冷やして型から取り出し、食べやすい大きさに切って器に盛る。

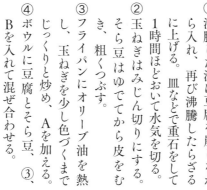

1 ささみと白髪ねぎの和えもの

シャキシャキした野菜が足りないときに。ザーサイの塩気が調味料。

材料（2人分）
鶏ささみ…2本
長ねぎ…1本
もやし…½袋
ザーサイ（塩漬け）…50g
塩、コショウ…各少々
酒…大さじ2
ごま油…大さじ1〜2

作り方
①ささみは塩、コショウをふる。鍋にささみが浸るくらいの水と酒を入れて火にかけ、沸騰したらささみを入れて落とし蓋をする。再度沸騰したら火を止めて15分くらいおき、そのまま冷ます。
②長ねぎはせん切りにし、水にさらしてから水気をよく拭き取る。ザーサイはせん切りにする。もやしはひげ根を取り、さっとゆでてざるに上げる。
③①を細かくほぐし、②と合わせてごま油を加え、ふんわりと和える。

2 納豆和え

納豆がメインではなくあくまで和え衣。野菜のおいしい食べ方です。

材料（2人分）
納豆…50g（1パック）
青菜（小松菜など）…2株
ごぼう…¼本
しめじ…½袋
細ねぎ…2本
醤油…小さじ2
練り辛子…小さじ½
白すりごま…小さじ1

作り方
①青菜は熱湯でさっとゆでてざるに上げ、食べやすい長さに切る。ごぼうはささがきにして鍋に入れ、水と塩各少々（材料外）を加えて5分ほど蒸し煮にする。しめじは小房に分けて鍋に入れ、酒少々（材料外）をふってしんなりするまでさっと蒸す。ゆでるより水っぽくならずしっとりとする。
②納豆は包丁でたたいて細かくし、細ねぎは小口切りにする。
③①が冷めたら水気を切ってボウルに入れ、②、醤油、練り辛子、ごまを加えて和える。

3 うどの甘酢漬け

熱したごま油と粉山椒で香りよく仕上げました。

材料（2人分）
うど…1本
赤唐辛子（小口切り）…1本
A
酢…100㎖
砂糖…大さじ1
醤油…大さじ½
ごま油…大さじ1
粉山椒…少々

作り方
①うどは皮をむき、4㎝長さの短冊切りにして水にさらす。沸騰した湯でさっとゆでてざるに上げる。
②ボウルにAを入れて混ぜ、①と赤唐辛子を加えて5～10分おく。器に盛り、小さめのフライパンで熱々に熱したごま油を回しかけ、粉山椒をふる。

4 かにとオクラのごま豆腐和え

オクラのとろみと相まってねっとり、もっちりの和えもの。

材料（2人分）
かに缶詰…1缶（固形量50g前後）
オクラ…6本
ごま豆腐…1個（200g）
A
練り辛子…大さじ½
みりん…大さじ2
醤油…少々
塩…少々

作り方
①かには汁気を切って身をほぐす。オクラは塩（分量外）でもんでうぶ毛を取り、ガクの部分を包丁で面取りするように削り取る。熱湯でさっとゆでてざるに上げ、ヘタを切って薄い小口切りにする。
②ごま豆腐にAを加えて混ぜ合わせ、裏ごしをして和え衣を作る。
③②で①を和える。

涼拌茄子《リャンバンチェズ》（蒸し茄子と炒り卵）

蒸し茄子に炒り卵がよく絡まるように卵をとろっと仕上げるのがコツです。

材料（2〜3人分）

茄子…小5本
長ねぎ…1本
卵…2個
醤油…大さじ1
A
［醤油…大さじ2
砂糖…少々
ごま油…大さじ2

作り方

①茄子はヘタを切り、数か所に竹串を刺し、蒸気が上がった蒸し器で10分ほど蒸す。手で縦に食べやすく裂いて器に盛り、醤油をふりかけておく。
②長ねぎはみじん切りにし、溶きほぐした卵に加え、Aも加えて混ぜる。
③フライパンにごま油を熱し、②を流し入れて炒り卵を作る。火が入りすぎず半熟でしっとりするくらいになったら、すぐに①の茄子にのせる。

こんにゃくとセロリの酢醤油和え

中華風の和えものに
こんにゃくを入れてみました。
意外な組み合わせですが、よく合います。

材料（2〜3人分）
こんにゃく…1枚
セロリ…1本
長ねぎ…1本
A
醤油…大さじ2
ごま油、酢…各大さじ1
ラー油…少々

作り方
①こんにゃくは細切りにして熱湯にさっと通し、ざるに上げて水気を切る。セロリは細切りに、長ねぎは斜め薄切りにする。
②Aをボウルに入れて混ぜ、①を加えて和える。

大根のジャーン

ごま油をジャーッと
かけるからこの名前。
大根が適度にしんなりして、
味がしみます。

材料（2〜3人分）
大根…⅓本
かつお節…適量
醤油…大さじ2
ごま油…大さじ1
油…大さじ½

作り方
①大根はせん切りにして器に盛る。
②かつお節をたっぷりとのせ、醤油を回しかける。フライパンにごま油と油を入れて熱々に熱したものを上から回しかける。よく混ぜ合わせて食べる。

作っておくと助かる漬けもの・常備菜

ごはんのお供に、お酒のおつまみに、
冷蔵庫にあるとうれしいお漬けものや常備菜。
地味な存在と思われるかもしれませんが、
日本の食卓になくてはならないものです。

1 柚子大根

2 干し椎茸の含め煮

3 大根のかえし漬け

4 ふきのごま煮

1. 柚子大根

冬の食卓には欠かせない
あったらうれしいおかず。

材料（作りやすい分量）

大根…300g
柚子…1個
赤唐辛子（ヘタと種を取る）…1本
塩…少々
A
┌酢…大さじ2
│砂糖…大さじ2
└塩…小さじ1

作り方

① 大根は5cm長さの拍子木切り、または1cm厚さのいちょう切りにし、塩をふってしんなりしたら水気を絞る。
② 柚子は果汁を搾り、皮は取っておく。柚子の搾り汁、赤唐辛子、Aをよく混ぜる。①を加えて1日漬ける。
③ ②の水気を切って器に盛り、柚子の皮のせん切りを散らす。

3. 大根のかえし漬け

干した大根の独特な食感で
ごはんが止まらない味。

材料（作りやすい分量）

大根…⅓本
昆布（または刻み昆布）…10cm（5g）
醤油…大さじ2
みりん…大さじ2

作り方

① 大根は5mm厚さの輪切りにし、天日で一回り小さくなるまで2日くらい干す。
② 昆布は細めのせん切りにして保存容器に入れ、醤油とみりんを加えて漬けておく。
③ ①の大根をさっと水で洗い、よく水気を絞って②に加え、一晩漬ける。
④ 食べるときに、大根で昆布を挟んで半分に折り、器に盛る。

2. 干し椎茸の含め煮

多めに作っておくと
ばらずし（p.70）の具などにも重宝します。

材料（作りやすい分量）

干し椎茸…15個
砂糖…50g
醤油…大さじ2

作り方

① 干し椎茸は洗ってからひたひたの水に浸し、一晩おいて戻す。
② 戻した椎茸を戻し汁ごと鍋に入れ、火にかける。煮立ったらアクを取り、落とし蓋をして5〜6分煮る。
③ 砂糖を加えて弱火で10分煮て、甘みを含ませる。
④ 醤油を加えて煮汁がなくなるまで20分ほど煮る。

4. ふきのごま煮

春の香りを楽しむ
ごま風味のやさしい煮もの。

材料（作りやすい分量）

ふき…500g
A
┌だし汁…2カップ
│醤油…大さじ3
│砂糖…大さじ1
│みりん…大さじ1
└白練りごま…大さじ2
白炒りごま（半ずりにする）…大さじ2

作り方

① ふきは塩（材料外）をふって板ずりし、たっぷりの熱湯でかためにゆでる。皮をむき、4〜5cm長さに切る。
② 鍋にAを合わせて煮立て、①を入れて弱火で10分ほど煮る。
③ 器に盛り、ごまをふる。

えのきの梅肉和え

さっぱりして食が進む
梅肉味のなめたけ。

材料（作りやすい分量）
えのき茸…1袋
A
梅肉…1個分
醤油…大さじ½
酢…大さじ½
砂糖…小さじ1

作り方
①えのき茸は食べやすい長さに切り、熱湯で下ゆでしてしっかり水気を切る。
②ボウルにAを入れて混ぜ、①を加えて和える。

蓮根の漬けもの

ピリ辛の酢醤油に漬けた
中華風のおそうざいです。

材料（作りやすい分量）
蓮根…300g
赤唐辛子（ヘタと種を取る）…1本
油…大さじ2
A
酢…大さじ2
醤油…大さじ2
砂糖…大さじ½
ごま油…小さじ1

作り方
①蓮根は3㎜厚さの輪切りにし（太いものは半月切りに）、10分ほど水にさらす。熱湯でさっとゆでてざるに上げ、水気を切る。
②小鍋に油を熱して赤唐辛子を入れ、少し黒くなってきたらAを加えて混ぜる。
③保存容器に①を入れて②を注ぎ、ごま油を加えて混ぜる。

きのこのおかか煮

数種類のきのこを使って
一度に煮ておくと
使い勝手のよい
おかずの素になります。
もちろんそのまま食べても。

材料（作りやすい分量）
しめじ、舞茸、えのき茸
…各1袋
椎茸…4個
かつお節…10g
醤油…大さじ3
みりん…大さじ2

作り方
①しめじと舞茸は小房に分け、えのき茸は3cm長さに切り、椎茸は4等分に切る。
②鍋に醤油とみりんを入れて火にかけ、沸騰したら①を入れて焦げないようにかき混ぜながら、しんなりするまで弱火で5分ほど煮る。火を止めてかつお節を加え、水分を吸わせる。

きのこごはんに

ごはんに適量を混ぜてきのこごはんに。ほかにも、肉や豆腐と一緒に煮たり、うどんやそばの具にしたりと、いろいろな使い道があります。

COLUMN

家でおすしを作ってみましょう

おすしはおすし屋さんで食べるもの。
そう思う方もいるかもしれません。
確かに、にぎりずしは
家で作るには難しいけれど、
ばらずし（ちらしずし）なら、
酢飯と具を混ぜるだけですので、
だれでも簡単に作れます。
わが家では、
ひな祭りなどお祝い事の
ある日に作っています。
便利なすし酢（合わせ酢）も
数多く出回っているようですが、
砂糖と酢と塩を
混ぜ合わせるだけなので、
わざわざ買うのはもったいないと
思うのです。
基本の調味料を合わせただけの
すし酢がいちばんおいしいので、
ぜひ作ってみてください。

【酢飯】

材料（2合分）

米…2合

昆布…5㎝

すし酢

酢…大さじ4

砂糖…大さじ2

塩…小さじ1

すし酢

MeMO 保存がきくので多めに作っても

作り方

①すし酢の材料すべてを混ぜ合わせる。

②米は昆布をのせてかために炊き、盤台かボウルに移して①を回しかけ、うちわであおぎながら切るように混ぜる（a）。

a

b

c

【ばらずし】

材料（作りやすい分量）

酢飯…2合分

にんじんの煮もの

にんじん…½本

油揚げ…1枚

だし汁…大さじ2

砂糖…大さじ2　醤油…大さじ3

蓮根の甘酢煮

蓮根…50g

だし汁…大さじ2

酢…大さじ2

砂糖…大さじ1　塩…少々

干し椎茸の含め煮（p.66）…3枚

薄焼き卵

卵…2個　油…少々

ゆでた絹さや（せん切り）…適量

MeMO 薄焼き卵以外は作り置きできます

作り方

①にんじんの煮ものを作る。にんじんはせん切りに、油揚げは細切りにして油抜きをし、だし汁、砂糖、醤油で汁気がなくなるまで煮る。

②蓮根の甘酢煮を作る。蓮根は薄いいちょう切りにし、だし汁、酢、砂糖、塩で汁気がなくなるまで煮る。

③薄焼き卵を作る。フライパンに油を熱し、溶きほぐした卵を適量入れて薄く広げる。固まったら裏面も焼いて取り出し、冷めたら細長く切る。

④干し椎茸の含め煮は薄切りにする。

⑤酢飯に①、②、④を適量ずつ加えて混ぜる（b）。混ぜ込むときはそれぞれの温度をできるだけ同じにする。

⑥薄焼き卵（c）と絹さやを散らす。

にんじんの煮もの

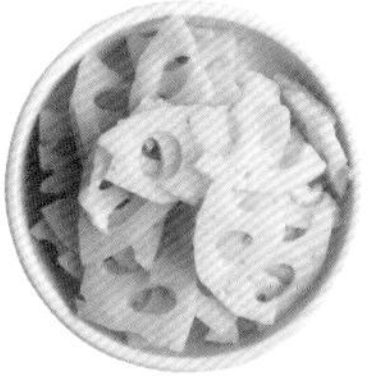

蓮根の甘酢煮

干し椎茸の含め煮

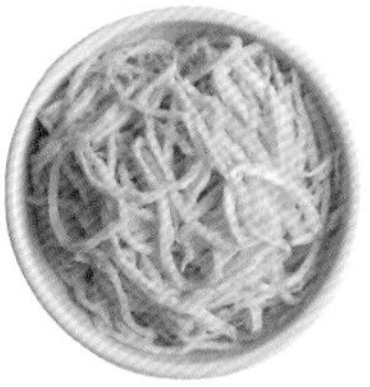

薄焼き卵

野菜をおいしく食べるスープ

スープや味噌汁などの汁ものは、
野菜をたっぷり食べられるのでよく作ります。
今日の献立は野菜がちょっと
少なめだなと思ったら、
あるものを足して具だくさんにします。

大豆の野菜スープ

大豆と豚肉、
たくさんの野菜が入って
栄養バランスが取れたスープ。
調味料は塩だけですが、
味わい深いです。

材料（作りやすい分量）
大豆（乾燥）…1カップ
豚バラ肉（かたまり）…200g
玉ねぎ…½個（120g）
セロリ…2本（120g）
にんじん…120g
長ねぎ…1本（120g）
オリーブ油…大さじ2
塩…小さじ½

作り方
①大豆は1.5ℓの水でゆでる（p.57参照）。
②豚バラ肉は1cm角の棒状に切って塩小さじ1（分量外）をまぶし、30分ほどおく。
③玉ねぎ、セロリ、にんじんは小さめのさいの目切りにする。長ねぎは1cm厚さの小口切りにする。
④厚手の鍋にオリーブ油を入れ、②、③を入れて油が全体になじむように炒める。①の大豆とゆで汁を加えて煮立て、アクを取りながら弱火で30分ほど煮て、塩で味を調える。

ジュリアンスープ

ジュリアンスープとは、
ごく細く切った野菜のスープのこと。
香味野菜の野菜くずで
だしを取り、
余すところなく野菜を使います。

材料（作りやすい分量）
玉ねぎ、にんじん、セロリ…各100〜150g
野菜くず（にんじんの皮やヘタ、玉ねぎの皮、セロリの葉など）…適量
固形スープの素…1個
塩、コショウ…各適量
パセリ（みじん切り）…適量

作り方
①玉ねぎは薄切りに、にんじん、セロリは細いせん切りにし、水にさらしておく。
②鍋に水1ℓ、①の野菜を切ったときに出た野菜くずを入れて火にかけ、野菜のだしが出たらざるで漉す。
③②のスープに①の野菜、スープの素を加えてやわらかくなるまで煮て、塩、コショウで味を調える。
④器に盛り、パセリを散らす。

オニオングラタンスープ

濃厚なおいしさの秘密は、玉ねぎをとろとろになるまでじっくり炒めること。手間をかけるからこその本格的な味わいです。

材料（4人分）

玉ねぎ…大2個（500g）
セロリ、パセリの茎（あれば）…各適量
フランスパン…薄切り4枚
にんにく…1片
エメンタールチーズ…適量
固形スープの素…3個
塩…適量
バター…大さじ2
薄力粉…小さじ½
パセリ（みじん切り）…適量

作り方

①鍋に水1.2ℓ、セロリやパセリの茎、スープの素を入れ、野菜がクタクタになって形がなくなるまで煮る。味をみて薄ければ塩で調整する。
②玉ねぎは薄切りにする。
③フライパンにバターを熱し、玉ねぎと薄力粉を入れて焦がさないようにきつね色になるまで炒める。
④フランスパンをカリッとするまで焼き、にんにくの断面をこすりつけておく。
⑤③をココットなどの耐熱容器に4等分にして入れ、熱々にした①のスープを注ぎ、④とエメンタールチーズをのせる。
⑥180度に予熱したオーブンかオーブントースターに入れ、チーズが溶けておいしそうな焦げ目がつくまで焼き、パセリを散らす。

かぼちゃと豆腐の冷製スープ

見た目は洋風ですが、味は和風。
なめらかでとろみがあり、
おなかにやさしいお味です。

材料（作りやすい分量）

かぼちゃ…¼個（約400g）
木綿豆腐…100g
A
- だし汁…200㎖
- 薄口醤油…大さじ1
- 塩…小さじ½弱

あさつき（小口切り）…適量

作り方

①かぼちゃは4等分にして皮をむき、ラップをかけて電子レンジ（600W）に8分かける。
②①のかぼちゃの粗熱が取れたらフードプロセッサーに入れ、豆腐を加えてペースト状にする（裏ごしするとよりなめらかに仕上がる）。
③②にAを加えてよく混ぜ、冷蔵庫で冷やす。器に盛り、あさつきをのせる。

かぶと豚肉のスープ

とろりと煮えたかぶの
口当たりがいいスープ。
食欲のないときや
体調がすぐれないときにも。

材料（作りやすい分量）

かぶ…4個
豚こま切れ肉…100g
だし汁…800㎖
酒…大さじ2
味噌…大さじ2　塩…少々
かぶの葉（小口切り）…少々

作り方

①かぶは葉を切り落とし、皮をむいて半分に切る。豚肉は大きければ切る。
②鍋にかぶ、だし汁、酒を入れて強火にかけ、煮立ったら豚肉を加え、蓋をして弱火で煮る。
③かぶがやわらかくなったらお玉で崩し、繊維が気になるようなら取り除く。味噌を溶き入れ、塩で味を調えて器に盛り、かぶの葉をのせる。

おやつの時間を楽しむ

子どもや孫が小さかったころは、
おやつをよく作っていました。
手作りすると、
シンプルな材料でできますし、
フルーツなどを使えば、
砂糖も控えめにできて、
たくさん食べても安心です。
ここで紹介するのは、
中でも作り方が簡単で、
お菓子というより、おやつといった
素朴なものばかり。
ぜひ、お子さんと一緒に
作ってみてくださいね。

フルーツチーズケーキ

フルーツがたっぷり入った
ババロアのようなひんやりスイーツ。
やさしい酸味で、さっぱりした味です。
混ぜて冷やすだけなので、
気軽に作れます。

材料（5〜6人分）

ゼラチン…10g
クリームチーズ…250g
グラニュー糖…70g
プレーンヨーグルト（無糖）…150g
バナナ…中2本（150g）
オレンジ…1個
レモン汁…大さじ1

作り方

① ゼラチンは水30㎖でふやかし、湯煎にかけて溶かす。
② クリームチーズは室温に戻し、ボウルに入れて泡立て器などでやわらかくなるまで練る。グラニュー糖を加えてよく混ぜ合わせる。
③ ②に①とヨーグルトを加えてよく混ぜる。
④ バナナは皮をむいてボウルに入れてなめらかになるまでよくつぶす。オレンジは皮と薄皮をむく。
⑤ ③にバナナとオレンジ、レモン汁を加えて全体をさっくりと混ぜる。
⑥ 深さのあるバットかガラスボウル（お好きな型で）に入れてラップをかけ、冷蔵庫で2時間冷やし固める。
⑦ スプーンですくって盛り付け、好みでミントやフルーツを飾る。

MEMO
容器にフルーツやハーブを飾ってそのままテーブルに出しても

ベイクドチーズケーキ

ふんわり、しっとりとした
軽い食感のチーズケーキ。
甘さ控えめなので、食べ飽きません。

材料（直径20㎝の丸型1台分）
ビスケット…100g　バター…50g
カッテージチーズ（裏ごしタイプ）…200g
卵黄…2個分　牛乳…½カップ
コーンスターチ…40g
卵白…2個分　砂糖…½カップ

作り方
①ビスケットは厚めのポリ袋に入れて麺棒などでつぶす。バターは常温に戻してなめらかになるまで練る。ビスケットとバターをよく混ぜ合わせ、オーブンシートを敷いた型の底に敷き詰める。
②ボウルにカッテージチーズ、卵黄、牛乳、コーンスターチを入れ、泡立て器で混ぜ合わせる。
③別のボウルに卵白と砂糖を入れ、泡立て器で角がピンと立つまで泡立てる。②のボウルに3回くらいに分けて加え、その都度ゴムべらでさっくりと混ぜ合わせる。
④①の型に流し入れ、上から2、3回落として空気を抜く。200度に予熱したオーブンで40～45分焼く。焦げ目が早くついた場合は途中でアルミホイルをかぶせる。
⑤粗熱が取れたら型から出して冷ます。

わらび餅

できたてのわらび餅のおいしさを知っていますか？
少ない材料でできるので、ぜひ作ってみてください。

材料（４人分）

わらび粉…１００g
砂糖…60g
きな粉…20g

作り方

①鍋にわらび粉、砂糖40gを合わせ、混ぜながら水４７０㎖を少しずつ加え、よく混ぜる。
②①を強火にかけ、鍋底からしっかりと木べらで混ぜ合わせ、全体が透明になるまで練りながら火を通す。
③氷水を用意しておき、②が熱々のうちにスプーンで小さくすくって落としていく。
④③を氷水から上げて水気をしっかりと切る。器に盛り、きな粉と同量の砂糖を混ぜたものをかける。好みで黒蜜やメープルシロップをかけてもおいしい。

バナナケーキ

バナナの甘さが口の中に広がる
しっとり、ずっしりとした
素朴なおやつ。
小腹がすいたときや、
朝食にもよいでしょう。

材料（長さ24cm×幅10.5cm×高さ6.5cmのパウンド型1台分）

A
- 薄力粉…200g
- ベーキングパウダー…小さじ1

B
- 卵白…4個分
- 砂糖…大さじ1

バナナ…5本（うち飾り用2本）
レモン汁…少々
バター…200g
砂糖…100〜150g
（バナナの甘さにより調整）
卵黄…4個分
ラム酒…大さじ1
グラニュー糖…適量

作り方

①Aは合わせてふるう。バナナ3本はつぶすか、細かく切る。残りの2本は2cm厚さの輪切りにしてレモン汁を絡めておく。
②バターは常温においてやわらかくし、砂糖を加えてよく練り混ぜる。
③ボウルにBを入れて泡立て器で角がピンと立つまで、かたく泡立ててメレンゲを作る。
④②に卵黄を加えて混ぜ、ラム酒、①のつぶしたバナナ、ふるった粉類を加えてさらに混ぜる。③のメレンゲを加え、ふんわり感をなくさないようにゴムべらで混ぜる。
⑤オーブンシートを敷いた型に④の生地を流し入れ、上から2、3回落として空気を抜く。①の輪切りのバナナをのせ、全体にグラニュー糖をふりかける。
⑥170度に予熱したオーブンで50〜60分焼く。粗熱が取れたら型から出して冷ます。

MeMO
バナナは
よく熟したものを
使うと
風味の高い
味わいに

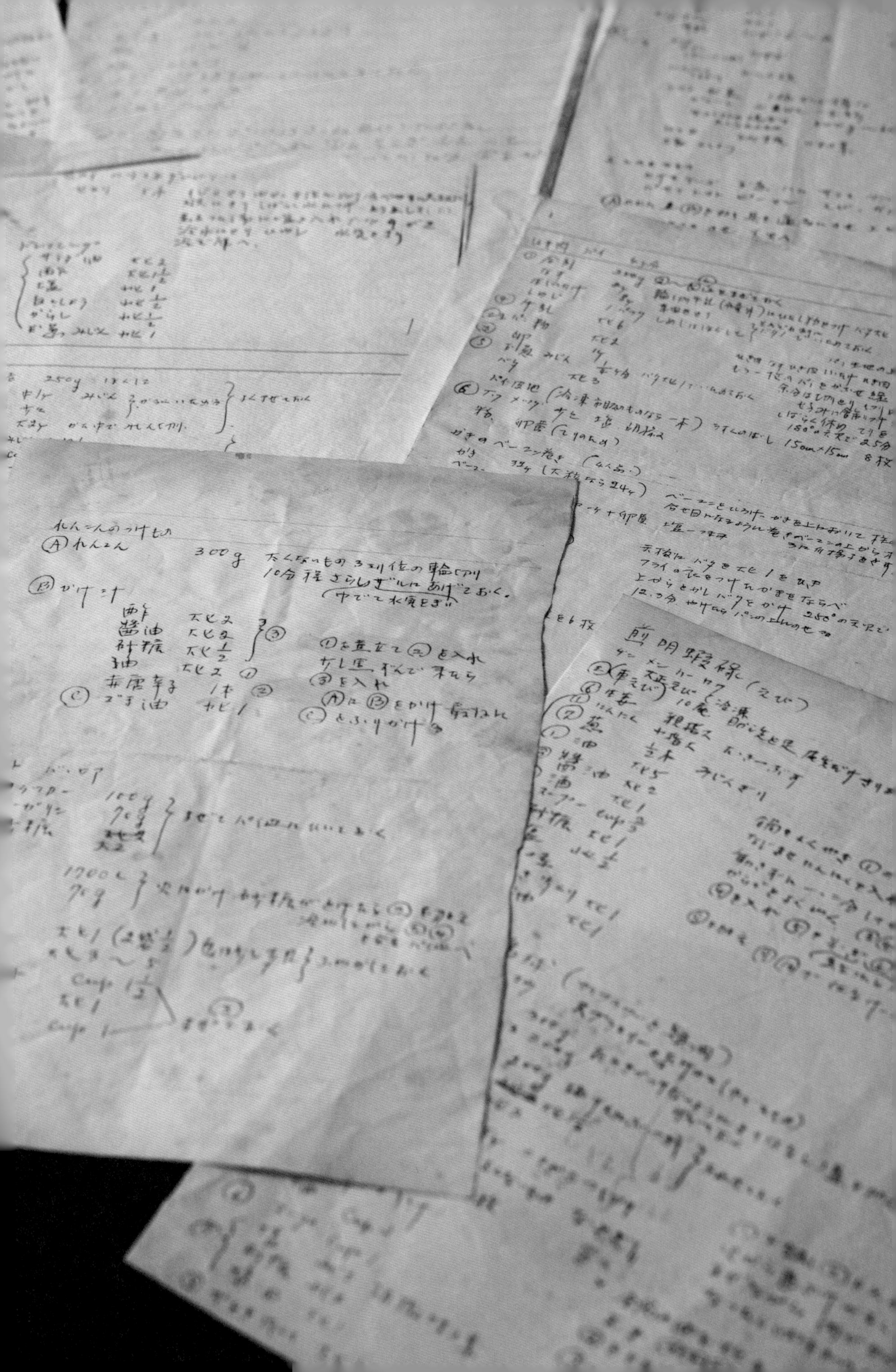
れんこんのつけもの
Ⓐれんこん　300g
Ⓑかけ汁
酢　大さじ2
醤油　大さじ2
砂糖　大さじ1/2
油　大さじ2
Ⓒ赤唐辛子　1本
ごま油　大さじ1
煎明蝦碌（えび）

CHAPTER

2

久保田先生から受け継いだ おもてなしのレシピ

子どもたちがまだ小さかった30代半ばごろ、何人かの先生方にお料理やハウスキーピングを教わっていました。最初に習ったのは、久保田先生というご年配の方で、当時憧れだったハイカラな洋食や本格的な中華料理などをよくご存じな方でしたね。家庭料理はもちろんですが、おもてなしやお祝いごとにも喜ばれる華やかなお料理は、主に久保田先生に教わりました。

私がお友達4〜5人を集めて、先生が自宅に来てくださるスタイルで、毎回、4〜5品のコース仕立て。最後のデザートまで必ず作っていましたので、献立の考え方や料理の組み合わせ方なんかも勉強になりましたね。大皿に盛り付けるのも、そういえば久保田先生から教わったことでした。前日に連絡を取り合って、翌日の料理に使う材料をお聞きしたら、私たち生徒が買い出しに行きます。お料理を作るだけでなく、買い物の仕方が身についたのも、この経験のおかげです。お教室では、お料理以外の生活まわりのことも話してくださり、とても参考になりました。

当時はパソコンなんて持っていませんし、コピーはとても高かったので、久保田先生の手書きのレシピを、私たちは一生懸命書き写しました。時間をかけて文字を書き写すと、それだけレシピがとても大切なものに思えますね。最初はレシピを見ながら作るのですが、そのうち頭で覚えて、見なくても作れるようになるまで繰り返し作っていました。

この章では、久保田先生のレシピの中でもよく作っていた思い出のお料理を紹介します。今の時代の方にはやや面倒に思えるかもしれませんが、なんでも手作りしていた時代に思いを馳せていただけたら幸いです。レシピとは、時代の変化で変わっていくものではありますが、伝える人、受け継ぐ人がいれば、生き続けていくものだと思っています。

ひき肉パイ →レシピは86ページ

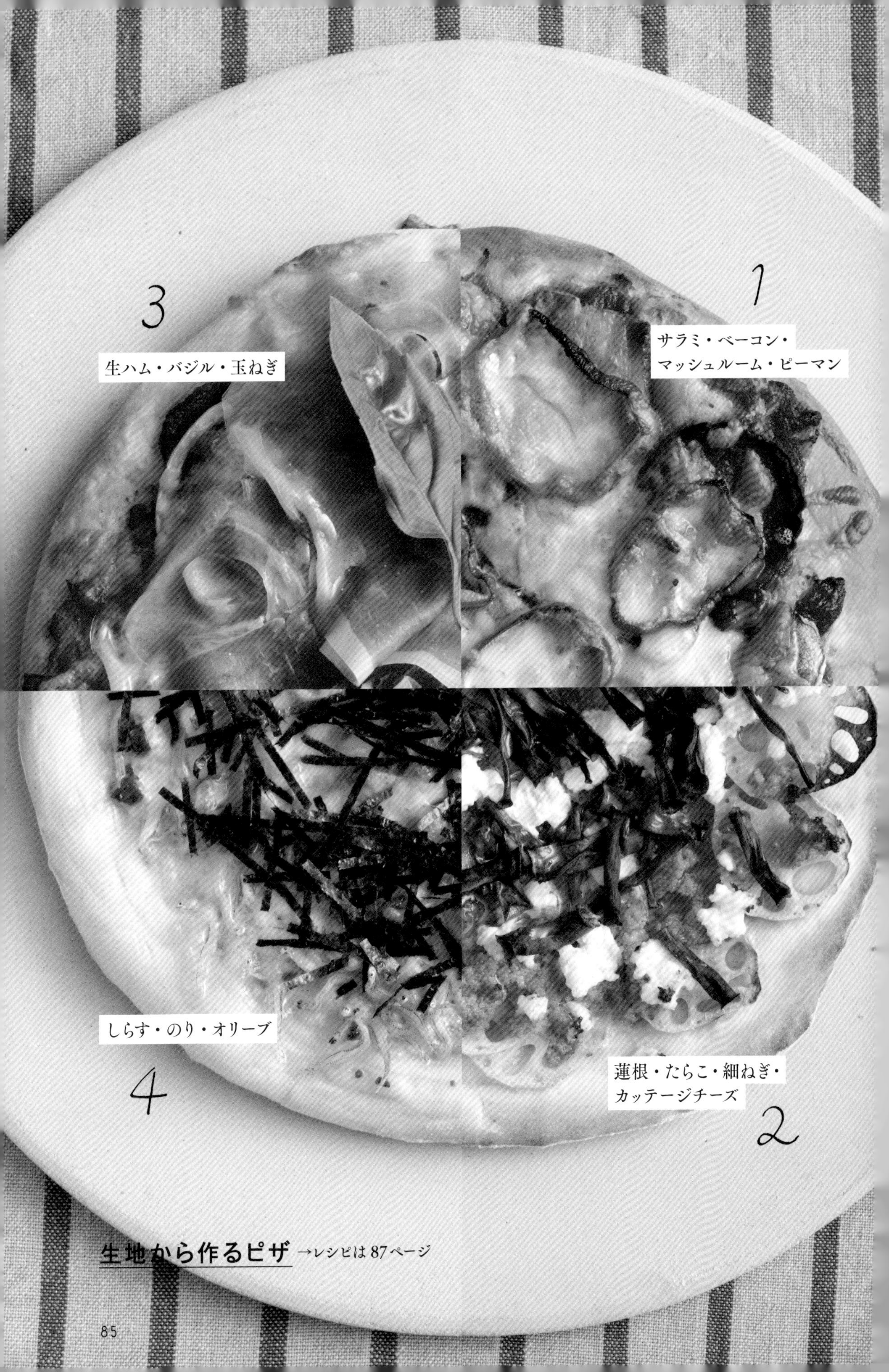

生地から作るピザ →レシピは87ページ

ひき肉パイ

みんなが大好きなミートパイ。茄子、ひき肉、きのこの具を別々に重ねることで、それぞれの味や香りが立っておいしいです。

材料（直径15cmのもの4個分）

合いびき肉…200g
茄子…小2本
椎茸…4個
しめじ…½袋
玉ねぎ…¼個
冷凍パイシート…20×20cmのもの2枚
薄力粉…適量
バター…大さじ4
A
パン粉…大さじ2
卵…1個
牛乳…90mℓ
ナツメグ…少々
塩…小さじ½
コショウ…少々
卵黄…適量

作り方

① 茄子は5mm厚さの輪切りにして牛乳（分量外）に浸して薄力粉をまぶしつけ、バター大さじ1でしんなりするまで焼いておく。
② 椎茸は薄切りにし、しめじは小房に分け、バター大さじ1で炒めておく。
③ 玉ねぎはみじん切りにしてバター大さじ1で炒めておく。
④ ボウルに合いびき肉、炒めた玉ねぎ、Aを入れて練り混ぜる。
⑤ パイシートは1枚を30cm四方になるまで薄くのばして4等分に切り、15cm四方のものを8枚用意する（好みで花型などで抜いてもよい）。
⑥ パイシート1枚の上にひき肉と茄子（a）、ひき肉ときのこ（b）を順に重ね、もう1枚のパイ生地をかぶせて縁をしっかり押さえる。冷凍庫でしばらく休ませる。
⑦ 表面に切り込みを入れ、卵黄を塗って照りをつけ（c）、180度に予熱したオーブンで25分焼く。

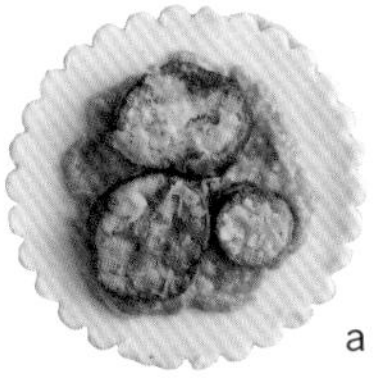
a

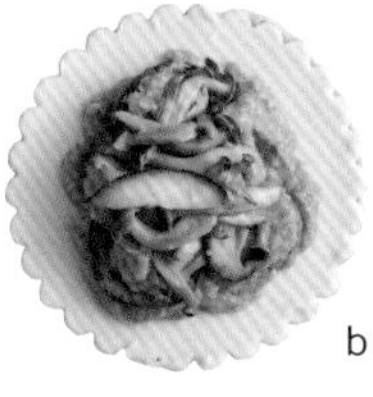
b

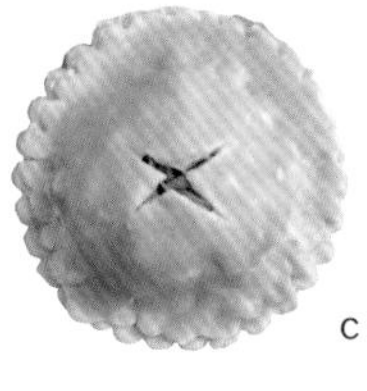
c

生地から作るピザ

好きなトッピングを用意して、子どもと一緒に楽しめるピザパーティー。ピザ生地は意外と簡単にできるので、気軽に作ってみてください。

材料（直径20㎝のもの4枚分）

ピザ生地
- 強力粉…250g
- 薄力粉…250g
- ドライイースト…小さじ2
- 砂糖…小さじ1と½
- 塩…小さじ1
- 油…大さじ1
- 牛乳…1と½〜2カップ

トマトソース
- オリーブ油…大さじ3
- にんにく（薄切り）…1片
- トマト水煮缶（ダイス）…½缶（200g）
- ローリエ…1枚
- 塩…小さじ½
- 砂糖、コショウ…各少々

好みの具…適量
ピザ用チーズ…適量

作り方

①ピザ生地を作る。ドライイーストは温めた牛乳少量で溶いておく。強力粉と薄力粉は合わせてボウルにふるう。中央をくぼませ、残りの材料をすべて入れてよく混ぜてまとめ（生地がかたければ牛乳で調整する）、しばらく常温で寝かせる。

②トマトソースを作る。鍋にオリーブ油を熱してにんにくを入れ、香りが立ったらトマトの水煮を加え、ローリエ、塩、砂糖、コショウを加えて蓋をして煮詰める。

③①の生地を4等分にして円形に薄くのばし、②のトマトソースを適宜塗る。好みの具とピザ用チーズを適宜のせ、250度のオーブンで10分ほど焼く。

◎食べるときにオリーブ油（分量外）を回しかける。

手作りのピザ生地はパンのようにふっくら。

3

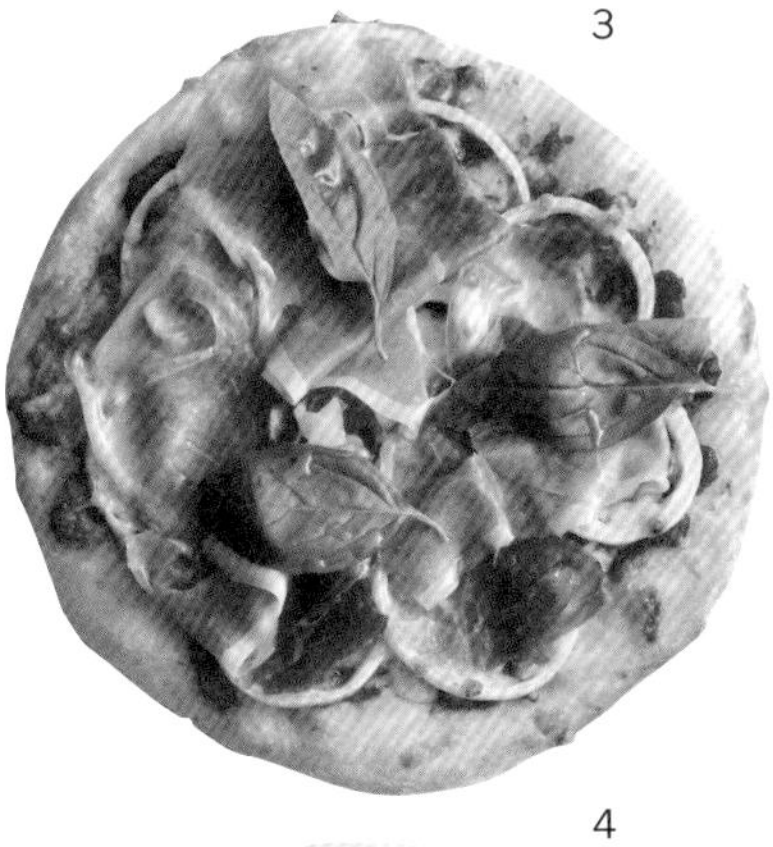

1

4

2

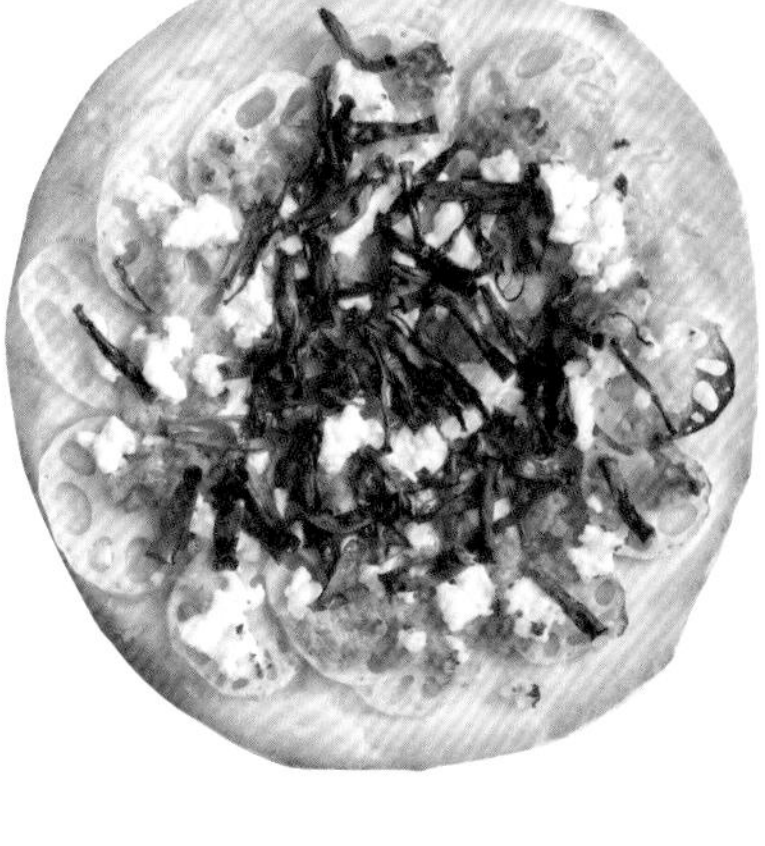

【おすすめの具】

1. サラミ・ベーコン・マッシュルーム・ピーマン
トマトソースを塗り、薄く切ったサラミ、ベーコン、マッシュルーム、ピーマン、ピザ用チーズをのせて焼く。

2. 蓮根・たらこ・細ねぎ・カッテージチーズ
薄い輪切りにしてさっとゆでた蓮根、ほぐしたたらこ、カッテージチーズ、適当な長さに切った細ねぎをのせて焼く。

3. 生ハム・バジル・玉ねぎ
トマトソースを塗り、薄い輪切りにした玉ねぎ、ピザ用チーズをのせて焼く。焼き上がったら生ハムとバジルをのせる。

4. しらす・のり・オリーブ
輪切りのオリーブ、しらす干し、ピザ用チーズをのせて焼く。焼き上がったら、細切りにしたのりをのせる。

ラザーニア →レシピは90ページ

ピロシキ →レシピは91ページ

ラザーニア

2種のソースをミルフィーユ状に重ねた本格的なイタリア料理。食卓に出すと歓声が上がるパーティーメニューの代表格です。

材料（作りやすい分量）

ボロネーゼソース

- 牛ひき肉…200g
- にんにく（みじん切り）…2片
- にんじん、セロリ、玉ねぎ（粗いみじん切り）…各50g
- オリーブ油…大さじ2
- 赤ワイン…½カップ
- バター…25g
- ローリエ…2枚
- 薄力粉…少々
- 固形スープの素…1個
- トマトピューレ…300㎖
- 塩、コショウ、ナツメグ…各適量

ホワイトソース

- バター…25g
- 薄力粉…25g
- 牛乳…400㎖
- 塩、ナツメグ…各適量

ラザーニア用パスタ…8枚
粉チーズ…適量
溶かしバター…適量

作り方

① ボロネーゼソースを作る。フライパンにオリーブ油大さじ1を熱し、牛ひき肉を入れてぽろぽろになるまで炒める。赤ワインを加え、アルコール分を飛ばす。

② 鍋にバターとオリーブ油大さじ1を熱し、にんにくを入れて炒め、香りが立ったらみじん切りの野菜を加えて炒める。①の牛肉とそれ以外の材料、水½カップを加えて混ぜ、蓋をせずに1時間ほど弱火で煮る。

③ ホワイトソースを作る。鍋にバターを入れて温め、薄力粉を加えて焦がさないようによく混ぜる。さらっと軽くなってきたら牛乳を加え、とろみがつくまで焦がさないようによく混ぜる。塩、ナツメグで味を調える。

④ ラザーニア用パスタを表示時間通りにゆでる。

⑤ 耐熱容器に②、③、④の順に何段か重ね、粉チーズ、溶かしバターをのせ、250度のオーブンで表面に焦げ目がつくまで焼く。

ボロネーゼソースとホワイトソースは多めに作って保存できます。パスタやグラタンにも使い回せて便利。

ピロシキ

サクサクッとした甘めの生地は軽くて何個でも食べてしまいそう。おやつにもぴったりです。

材料（5個分）

生地
- 強力粉…150g
- 薄力粉…100g
- ドライイースト…7.5g
- 砂糖…30g
- 塩…小さじ½
- 溶き卵…½個分
- 溶かしバター…50g

具
- 豚ひき肉…100g
- 玉ねぎ…½個
- 椎茸…2個
- 春雨（乾燥）…15g
- 油…大さじ1
- 塩、コショウ…各適量
- 片栗粉…大さじ1

揚げ油…適量

作り方

①強力粉と薄力粉は合わせてボウルにふるい、ドライイースト、砂糖、塩、溶き卵を加えて手で混ぜ合わせる。生地がもちっとしてきたら、溶かしバターを加えてさらによくこねる。生地がまとまったら温かい場所に置き、具を作っている間に発酵させる。

②具を作る。玉ねぎと椎茸はみじん切りにし、春雨はさっとゆでて細かく切る。フライパンに油を熱して豚ひき肉を炒め、玉ねぎ、椎茸、春雨を加えてよく炒める。塩、コショウで味を調え、片栗粉を加えて混ぜる。

③①を5等分にし、楕円形にのばす。⅕量の具をのせて二つ折りにして包み、合わせ目をフォークなどでよく押さえる。このときにしっかりとくっつけないと、揚げたときに合わせ目が開いてしまうので注意。

④揚げ油を180度に熱し、③を入れてこんがりするまで6〜7分揚げる。

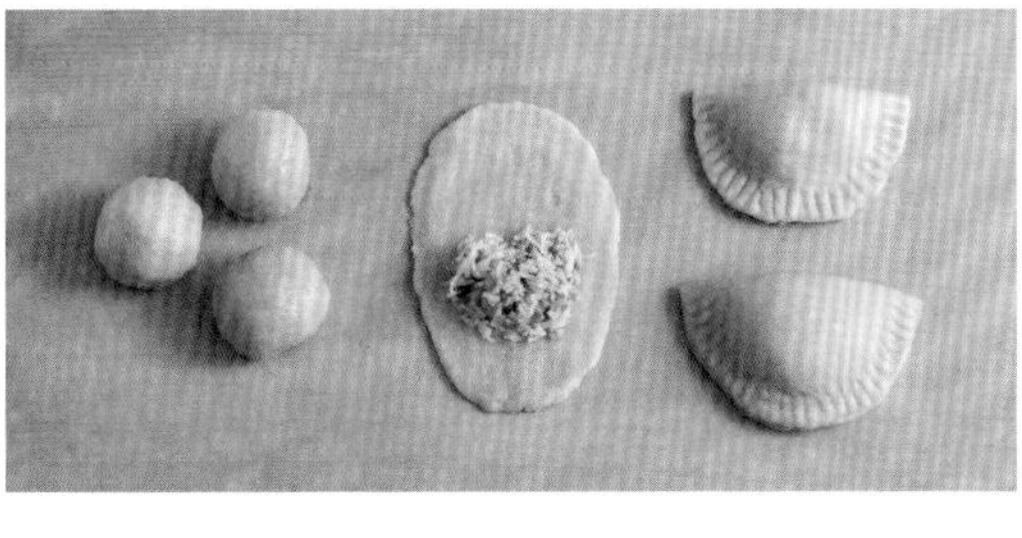

具をのせて半円形に折ったら、周囲をフォークや手などで押さえたり折り込んだりしてしっかり留めること。

若鶏の日本酒煮込み

通常は白ワインを使うところ、日本酒で代用した、濃厚な洋食メニュー。生クリームと卵のソースで、カルボナーラのような味わいです。

材料（作りやすい分量）

鶏もも肉…2枚
エシャレット（みじん切り）…2本
塩…小さじ1
コショウ…適量
バター…10g
酒…150㎖
カイエンペッパー…少々
生クリーム…100㎖
卵黄（溶きほぐす）…2個分
パセリ（みじん切り）…適量

作り方

①鶏肉は皮目に2〜3か所、浅く包丁を入れ、塩小さじ½、コショウを軽くふる。
②鶏肉が重ならずに入る大きさの鍋にバターを入れて温め、エシャレットを炒める。香りが立ったら鶏肉を皮目を下にして入れ、色付かない程度に両面を焼く。
③酒を加えて蓋をし、弱火で約20分煮込む。塩小さじ½、コショウ、カイエンペッパーを加え、生クリームと卵黄を混ぜ合わせてから加え、ひと煮立ちしたらすぐに火を止める（沸騰させるのは禁物）。
④器に鶏肉を盛ってソースをたっぷりとかけ、パセリを散らす。

MEMO
生クリームと卵黄はしっかり混ぜ合わせておくこと

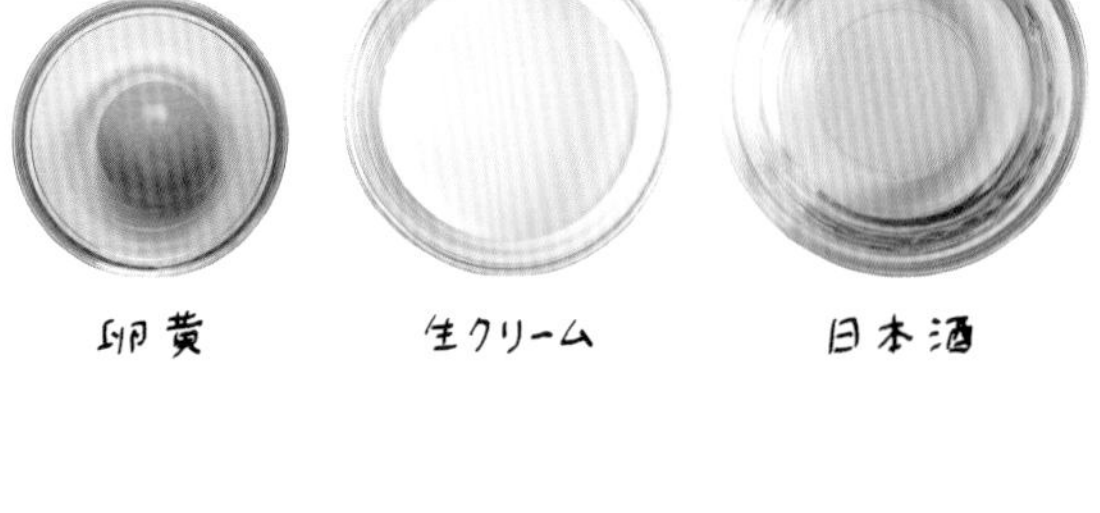

豚肉のロースト風カツレツ

パン粉をのせて焼くだけなので、
とんかつよりも簡単で失敗なし。
バターをたっぷり使うから、
サクサクで香りよく仕上がります。

材料（2人分）

豚ロース肉（とんかつ用）…2枚（400g）
塩…小さじ1
コショウ…少々
生パン粉…1カップ
パセリ（みじん切り）…½カップ
バター…60g

作り方

①豚肉は塩、コショウをふって30分ほどおく。肉の脂身には特に塩を念入りにすり込む。
②生パン粉とパセリを混ぜておく。
③バターを溶かし、肉の表面に刷毛で塗り、②をまんべんなくのせる。天板に残りのバター（分量外）をひいて肉を並べ、親指大のバターを1つずつ肉の上にのせる。
④250度のオーブンで約20分焼く。

◎付け合わせにクレソンなどを添えても。

菜花鶏球（カリフラワーと鶏肉）

鶏肉は油通しをしておくと、
肉がしっとりふっくら仕上がります。
干し椎茸のだしがおいしさの決め手。
シンプルな味付けで十分コクがあります。

材料（4人分）

カリフラワー…200g
鶏もも肉…200g
干し椎茸…4個
長ねぎ（太くないもの）…1本
絹さや…8枚
にんにく（薄切り）…1片
生姜の絞り汁…大さじ1
酒…小さじ2
片栗粉…大さじ2と½
油…適量
中華スープ（鶏ガラスープの素を水で溶かす）…1カップ

A
塩…小さじ2
コショウ…適量
砂糖…小さじ2
醤油…大さじ1

作り方

①カリフラワーは小房に分け、大きいものは食べやすく切り、塩（分量外）を加えた湯でゆでる。
②鶏肉は一口大に切って酒をふり、片栗粉大さじ1と½をまぶす。
③干し椎茸は水で戻し、4等分に切る。長ねぎは斜め薄切りにする。
④中華鍋に多めの油を熱して鶏肉を入れ、軽く混ぜながら肉の表面が白くなったら引き上げて油を切る。
⑤鍋の油を大さじ1くらい残し、③、絹さや、にんにく、生姜の絞り汁を加えて炒め、④の鶏肉、カリフラワー、中華スープを加える。Aで味を調え、水溶き片栗粉（片栗粉大さじ1を同量の水で溶く）でとろみをつける。

坂井より子

1946年生まれ。2人の子どもの母、3人の孫の祖母で、神奈川県葉山町に3世帯で暮らす。子育てが落ち着いた40代後半から15年ほど、自宅で料理教室を主宰。主婦歴50年の経験から生まれた暮らしの知恵、また家庭料理をおいしく作るコツなどをやさしく語るその姿は、若い世代を含め幅広い層から支持を得ている。本書は4冊目の著書で、これまで家族のために作ってきた料理をまとめた初めてのレシピ本。

料理制作　中川悠歩（mother dictionary）
スタイリング、編集協力　尾見紀佐子（mother dictionary）
撮影　大沼ショージ
デザイン　矢部綾子（kidd）
校正　安久都淳子
DTP制作　天龍社
編集　広谷綾子

かぞくをつなぐ
より子さんのレシピ帖

2023年8月20日　第1刷発行
2023年10月15日　第3刷発行

著者　坂井より子
発行者　木下春雄
発行所　一般社団法人 家の光協会
〒162-8448　東京都新宿区市谷船河原町11
電話　03-3266-9029（販売）
03-3266-9028（編集）
振替　00150-1-4724
印刷・製本　図書印刷株式会社

乱丁・落丁本はお取り替えいたします。定価はカバーに表示してあります。
本書のコピー、スキャン、デジタル化等の無断複製は、著作権法上での例外を除き、禁じられています。本書の内容の無断での商品化・販売等を禁じます。
©Yoriko Sakai 2023　Printed in Japan
ISBN 978-4-259-56768-2 C0077